# 教师招聘考试 高效

# 学习笔记

## 幼儿园学科专业知识

山香教育考试命题研究中心 主编

首都师范大学出版社

图书在版编目(CIP)数据

教师招聘考试高效学习笔记. 幼儿园. 学科专业知识 / 山香教育考试命题研究中心主编. -- 北京：首都师范大学出版社, 2024.7. -- ISBN 978-7-5656-8456-2

Ⅰ. G451.1

中国国家版本馆CIP数据核字第20248XH575号

教师招聘考试高效学习笔记. 幼儿园
**学科专业知识**
山香教育考试命题研究中心　主编

| | |
|---|---|
| 策划编辑　张文强 | |
| 责任编辑　张娜娜 | 封面设计　山香教育 |

首都师范大学出版社出版发行

地　　址　北京市海淀区西三环北路105号
邮　　编　100048
咨询电话　010-68418523（总编室）　　010-68982468（发行部）
网　　址　http://cnupn.cnu.edu.cn
印　　刷　河南黎阳印务有限公司
经　　销　全国新华书店
版　　次　2024年7月第1版
印　　次　2024年7月第1次印刷
开　　本　889mm×1194mm　1/16
印　　张　26.5
字　　数　400千
定　　价　79.00元（全两册）

**版权所有　翻印必究**

# 目 录

## 第一部分 学前教育学科专业知识

### 第一章 幼儿园课程 ... 001
思维导图 ... 001
知识梳理 ... 002
第一节 幼儿园课程概述 ... 002
第二节 幼儿园课程目标 ... 005
第三节 幼儿园课程内容 ... 008
第四节 幼儿园课程实施 ... 010
第五节 幼儿园课程评价 ... 012
第六节 中外著名的幼儿园课程方案 ... 015
要点回顾 ... 018

### 第二章 学前健康领域 ... 019
思维导图 ... 019
知识梳理 ... 020
第一节 学前健康教育概述 ... 020
第二节 学前健康教育的目标和内容 ... 022
第三节 学前健康教育的原则和方法 ... 024
第四节 学前儿童体育活动 ... 025
第五节 学前健康教育活动的设计与指导 ... 039
第六节 学前健康教育活动的评价 ... 043
要点回顾 ... 044

### 第三章 学前语言领域 ... 045
思维导图 ... 045
知识梳理 ... 046
第一节 学前语言教育概述 ... 046
第二节 学前语言教育的目标 ... 047
第三节 学前语言教育的内容 ... 052

  第四节 学前语言教育的原则和方法 ……………………………………………………054
  第五节 学前语言教育活动的设计与指导 …………………………………………055
  第六节 学前语言教育活动的评价 ……………………………………………………062
  要点回顾 ……………………………………………………………………………………064

## 第四章 学前社会领域 … 065

  思维导图 ……………………………………………………………………………………065
  知识梳理 ……………………………………………………………………………………066
  第一节 学前社会教育概述 ……………………………………………………………066
  第二节 学前儿童社会性发展的主要理论 …………………………………………067
  第三节 学前社会教育的目标 …………………………………………………………070
  第四节 学前社会教育的内容 …………………………………………………………075
  第五节 学前社会教育的原则与方法 ………………………………………………076
  第六节 学前社会教育活动的设计与指导 …………………………………………081
  第七节 学前社会教育活动的评价 ……………………………………………………084
  要点回顾 ……………………………………………………………………………………086

## 第五章 学前科学领域 … 087

  思维导图 ……………………………………………………………………………………087
  知识梳理 ……………………………………………………………………………………089
  第一节 学前科学教育概述 ……………………………………………………………089
  第二节 学前科学教育的有关理论 ……………………………………………………089
  第三节 学前科学教育的目标和内容 …………………………………………………091
  第四节 学前科学教育的原则与方法 …………………………………………………095
  第五节 学前科学教育活动的设计与指导 …………………………………………096
  第六节 学前科学教育活动的评价 ……………………………………………………099
  第七节 学前数学教育概述 ……………………………………………………………100
  第八节 学前数学教育的目标和内容 …………………………………………………101
  第九节 学前数学教育的原则与方法 …………………………………………………104
  第十节 学前数学教育活动的设计与指导 …………………………………………106
  第十一节 学前数学教育活动的评价 …………………………………………………119
  要点回顾 ……………………………………………………………………………………120

## 第六章 学前艺术领域 … 121

  思维导图 ……………………………………………………………………………………121
  知识梳理 ……………………………………………………………………………………123
  第一节 学前艺术教育的概念、内容、原则和意义 ………………………………123

| 第二节 | 学前音乐教育概述 | 124 |
| 第三节 | 学前音乐教育的基本理论 | 132 |
| 第四节 | 学前儿童音乐能力的发展 | 135 |
| 第五节 | 学前音乐教育活动的设计与指导 | 139 |
| 第六节 | 学前音乐教育活动的评价 | 145 |
| 第七节 | 学前美术教育概述 | 146 |
| 第八节 | 学前美术教育的基本理论 | 151 |
| 第九节 | 学前儿童美术能力的发展 | 152 |
| 第十节 | 学前美术教育活动的设计与指导 | 156 |
| 第十一节 | 学前儿童美术教育活动的评价 | 161 |
| 要点回顾 | | 162 |

## 第七章　幼儿园教育活动的设计　163

　　思维导图　163
　　知识梳理　163
　　要点回顾　164

# 第二部分　学前卫生学

## 第一章　幼儿生长发育特点与卫生保健　165

　　思维导图　165
　　知识梳理　166
　　第一节　幼儿神经系统的发展与卫生保健　166
　　第二节　幼儿感觉器官的发展与卫生保健　168
　　第三节　幼儿运动系统的发展与卫生保健　170
　　第四节　幼儿循环系统的发展与卫生保健　172
　　第五节　幼儿呼吸系统的发展与卫生保健　173
　　第六节　幼儿消化系统的发展与卫生保健　174
　　第七节　幼儿泌尿及内分泌系统的发展与卫生保健　175
　　第八节　幼儿的生长发育　176
　　要点回顾　177

## 第二章　幼儿营养与膳食　178

　　思维导图　178
　　知识梳理　178
　　第一节　营养基础知识　178

— Ⅲ —

第二节　合理安排幼儿膳食 ·················· 182
第三节　幼儿良好饮食习惯的培养 ············ 183
要点回顾 ····································· 183

## 第三章　幼儿常见疾病和意外事故的防护 ············ 184

思维导图 ····································· 184
知识梳理 ····································· 185
第一节　幼儿常见病的病因、症状及预防 ······ 185
第二节　幼儿常见传染病的种类和预防 ········ 189
第三节　幼儿常见意外事故的防护和急救 ····· 195
要点回顾 ····································· 201

## 第四章　幼儿安全与心理卫生教育 ············ 202

思维导图 ····································· 202
知识梳理 ····································· 203
第一节　安全措施和安全教育 ················· 203
第二节　幼儿常见问题行为与心理卫生问题的预防与矫正 ······ 204
要点回顾 ····································· 209

## 专家微课视频索引

（扫描正文中下列知识点处的二维码，即可获取专家微课视频）

幼儿园课程的类型／004
幼儿园课程目标的四种基本取向／007
幼儿园课程内容选择的基本原则／009
幼儿园课程实施的取向／010
幼儿园课程评价的类型／012
学前儿童体育活动的内容——基本动作／027
学前儿童体育活动的内容——基本体操／034
学前儿童体育活动的原则／039

学前科学教育内容选择的要求／095
学前科学教育的方法／096
学前儿童数学学习的心理特点／100
学前数学教育的方法／104
奥尔夫音乐教育体系的基本内容／134
学前儿童歌唱活动的设计步骤与指导要点／139
学前儿童绘画发展的阶段与特点——图式期／154

# 第一部分　学前教育学科专业知识

# 第一章　幼儿园课程

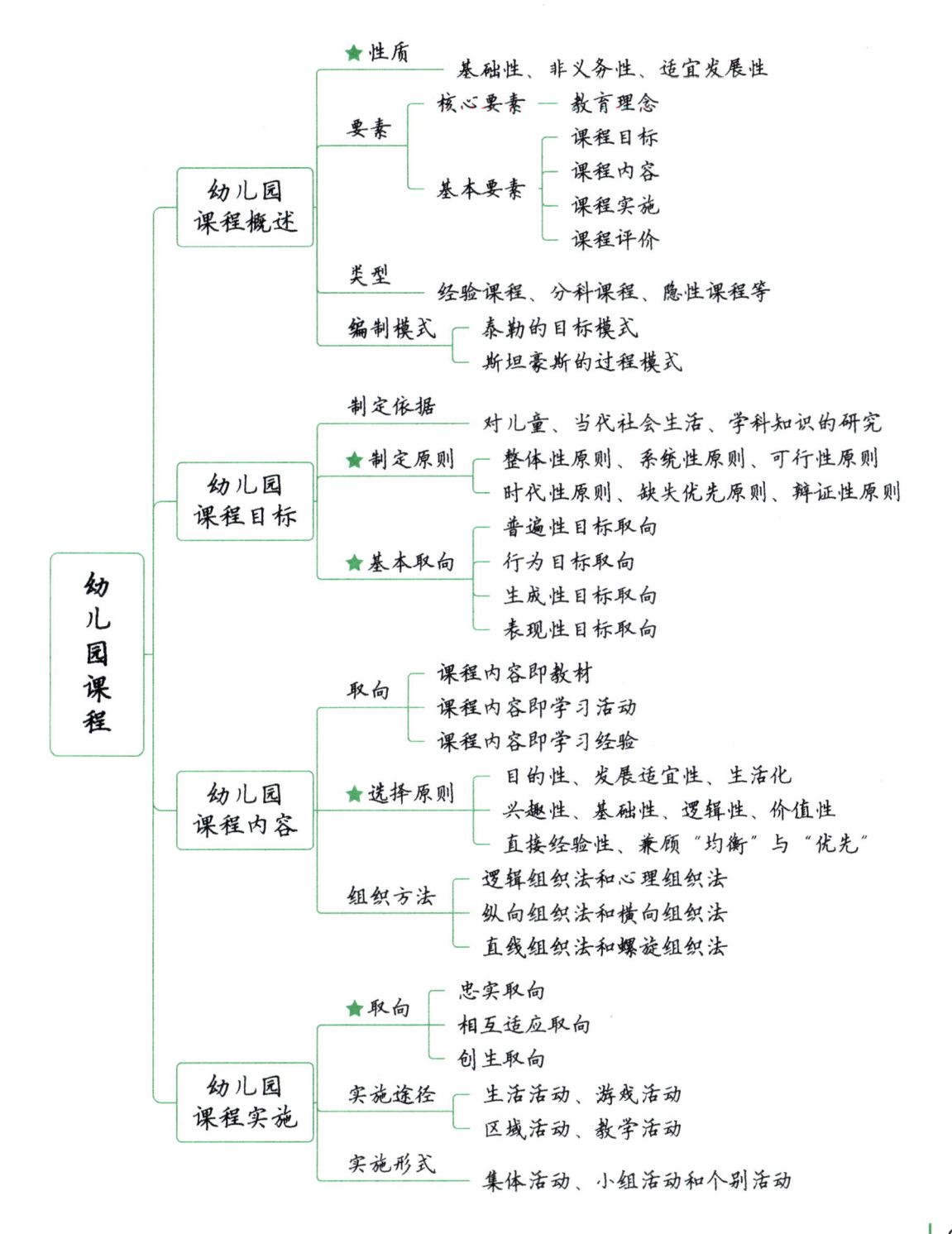

## 思维导图

- 幼儿园课程
  - 幼儿园课程概述
    - ★性质：基础性、非义务性、适宜发展性
    - 要素
      - 核心要素——教育理念
      - 基本要素
        - 课程目标
        - 课程内容
        - 课程实施
        - 课程评价
    - 类型：经验课程、分科课程、隐性课程等
    - 编制模式
      - 泰勒的目标模式
      - 斯坦豪斯的过程模式
  - 幼儿园课程目标
    - 制定依据：对儿童、当代社会生活、学科知识的研究
    - ★制定原则
      - 整体性原则、系统性原则、可行性原则
      - 时代性原则、缺失优先原则、辩证性原则
    - ★基本取向
      - 普遍性目标取向
      - 行为目标取向
      - 生成性目标取向
      - 表现性目标取向
  - 幼儿园课程内容
    - 取向
      - 课程内容即教材
      - 课程内容即学习活动
      - 课程内容即学习经验
    - ★选择原则
      - 目的性、发展适宜性、生活化
      - 兴趣性、基础性、逻辑性、价值性
      - 直接经验性、兼顾"均衡"与"优先"
    - 组织方法
      - 逻辑组织法和心理组织法
      - 纵向组织法和横向组织法
      - 直线组织法和螺旋组织法
  - 幼儿园课程实施
    - ★取向
      - 忠实取向
      - 相互适应取向
      - 创生取向
    - 实施途径
      - 生活活动、游戏活动
      - 区域活动、教学活动
    - 实施形式：集体活动、小组活动和个别活动

001

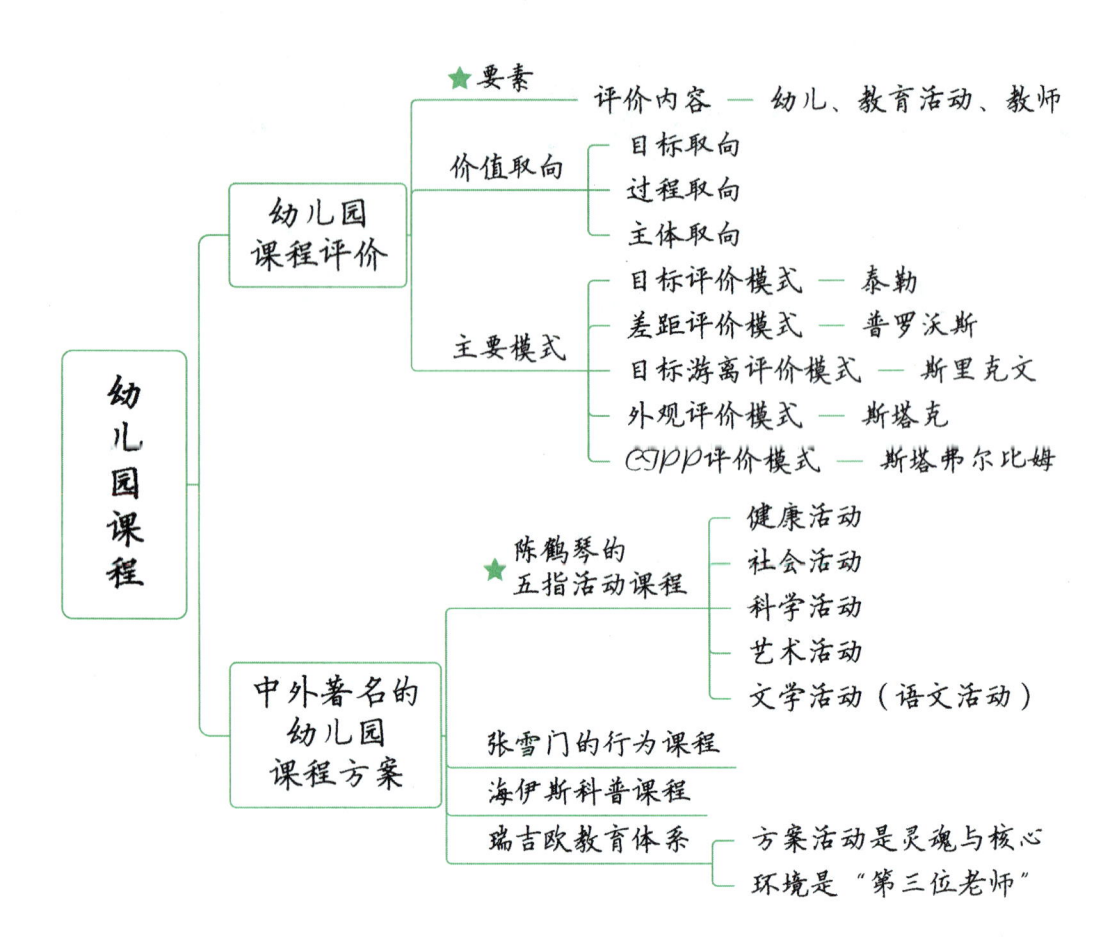

```
                                    ★要素──评价内容──幼儿、教育活动、教师
                                                    ┌目标取向
                        ┌幼儿园      价值取向      ─┤过程取向
                        │课程评价                   └主体取向
                        │                           ┌目标评价模式──泰勒
                        │                           │差距评价模式──普罗沃斯
                        │            主要模式      ─┤目标游离评价模式──斯里克文
幼                      │                           │外观评价模式──斯塔克
儿                      │                           └CIPP评价模式──斯塔弗尔比姆
园   ────┤
课                                                  ┌健康活动
程                      │                           │社会活动
                        │            ★陈鹤琴的    ─┤科学活动
                        │            五指活动课程   │艺术活动
                        └中外著名的                 └文学活动（语文活动）
                         幼儿园
                         课程方案   张雪门的行为课程
                                    海伊斯科普课程
                                                    ┌方案活动是灵魂与核心
                                    瑞吉欧教育体系─┤
                                                    └环境是"第三位老师"
```

# 知识梳理

## 第一节　幼儿园课程概述

### 知识点1　幼儿园课程的内涵　【判断】

幼儿园课程是实现幼儿园教育目的的手段，是帮助幼儿获得有益的学习经验，促进其身心全面和谐发展的各种活动的总和。对于这个定义，我们可以这样分层理解：

幼儿园课程 ┤ 是"活动"
　　　　　 │ 是"帮助幼儿获得有益的学习经验的活动"
　　　　　 └ 是"各种活动的总和"

## 知识点2  幼儿园课程的性质与特点 【单选、判断】

性质与特点
- 性质
  - 基础性
  - 非义务性
  - 适宜发展性
- 特点
  - 基础性与启蒙性
  - 全面性与生活性
  - 游戏性
  - 整合性
  - 活动性与直接经验性
  - 潜在性

## 知识点3  幼儿园课程的要素 【多选、简答】

1. 核心要素——教育理念

幼儿园课程最为核心的方面是该课程所依据的教育哲学以及所反映的教育目的,这是幼儿园课程的价值取向,也即教育理念之所在,幼儿园课程的其他成分都是在此基础上产生和发展的。

2. 基本要素——课程目标、课程内容、课程实施、课程评价

| 教育理念<br>四大基本要素 | 儿童一般能力的获得 | 学业知识、能力的获得 |
| --- | --- | --- |
| 课程目标 | 获得经验的过程 | 知识学习的结果 |
| 课程内容 | 幼儿经验 | 客观知识 |
| 课程实施 | 幼儿自主活动 | 教师的教 |
| 课程评价 | 活动过程的评价 | 学习结果的评价 |

003

## 知识点4　幼儿园课程的类型　【单选】

| 划分依据 | 类型 | 概念 |
| --- | --- | --- |
| 课程内容的固有属性 | 学科课程 | 以学科知识为中心来编排的课程 |
|  | 经验课程（活动课程） | 以儿童的兴趣、需要和能力为出发点,通过儿童自己组织的活动而实施的课程 |
| 课程内容的组织方式 | 分科课程 | 根据培养目标和科学发展水平,从各门学科中选择适合一定年龄阶段儿童的发展水平的知识,组成教学科目 |
|  | 综合课程 | 打破传统分科课程的知识界限,组合两个或两个以上的学科领域构成的课程 |
| 课程的表现形态 | 显性课程（正式课程） | 为实现一定的教育目标而正式列入学校教学计划的各门学科,以及有目的、有组织的课外活动 |
|  | 隐性课程（潜在课程） | 以间接、内隐的方式作用于幼儿并对幼儿的发展产生影响的课程 |
| 课程设计、开发和管理主体 | 国家课程 | 通过课程体现国家的教育意志 |
|  | 地方课程 | 通过课程满足地方社会发展的现实需要 |
|  | 园本课程 | 以幼儿园为基地进行课程开发的开放民主的决策过程 |

**知识扩展**

幼儿园隐性课程的表现形式
- 物质层面:幼儿园的建筑和教室的布置、桌椅的排列、园所环境等
- 行为层面:幼儿间的交往、教师间的交往、师幼间的交往、教师与家长的交往、社区与学校的交往等
- 制度层面:幼儿园管理体制、幼儿园组织机构、班级管理方式、班级运行方式等
- 观念层面:园风、办园方针、教学风格、教学观念、教学指导思想等

## 知识点5  幼儿园课程编制模式

|  | 目标模式 | 过程模式 |
| --- | --- | --- |
| 代表人物 | 博比特、泰勒 | 斯坦豪斯 |
| 知识观、教育观 | 知识是固定的让人接受的信息，教育就是让儿童掌握这些既定的知识 | 知识是思维的载体，教育是儿童在能动地与外界环境交互作用中自由、创造性地探索知识的过程 |
| 课程目标 | 层层分解、精细，控制性强，关注目标的结果 | 宽泛、动态，注重引导，关注过程，关注幼儿兴趣的满足 |
| 教师 | 课程的执行者，技能性强，需短期培训 | 课程的参与者、讨论的主持人，观念和能力要求高，需长期学习 |
| 儿童 | 接受者 | 建构者、探索者 |
| 效果、评价 | 明显、快速，评价指标明确，评价简易 | 不明显、长远，评价指标较模糊，评价较难 |
| 优点 | 能提高幼儿园教育教学过程的计划性、可控性和可操作性 | 对于在教育中更多体现民主精神和人文精神十分有益 |
| 缺点 | 难以与发展中的儿童相适宜，容易忽略那些难以转化为行为的方面 | 缺乏科学性、计划性和系统性，对教育的评价往往因缺乏客观标准而带有过多的主观色彩 |

## 第二节  幼儿园课程目标

## 知识点1  幼儿园课程目标的内涵

幼儿园课程目标是教育工作者对幼儿在一定学习期限内的学习结果的预期，是幼儿园教育目的的具体化。课程目标是幼儿园课程的"指南针"和"方向盘"，它既是选择课程内容、实施课程和组织教学策略的依据，也是课程评价的标准。

## 知识点2　幼儿园课程目标的作用

作用 $\begin{cases}制订教育教学计划的依据\\引导教育教学过程的方向\\评价教育教学效果的标准\end{cases}$

## 知识点3　幼儿园课程目标制定的依据

制定依据 $\begin{cases}对儿童的研究——基础和前提\\对当代社会生活的研究——参考和依据\\对学科知识的研究——保障\end{cases}$

## 知识点4　幼儿园课程目标制定的原则　【单选】

(1)整体性原则(目标的涵盖面要力求周全,考虑幼儿的全面发展);

(2)系统性原则;

(3)可行性原则(所定目标应该在儿童的"最近发展区"内);

(4)时代性原则;

(5)缺失优先原则(把儿童现实发展中不足的,但又是理想发展所必需的方面突出出来);

(6)辩证性原则。

---

**学霸点睛**

缺失优先原则也称为补偿性原则,幼儿时期缺乏学习经验导致某些不均衡现象,完全可以通过改变经验得以补偿,如部分城市幼儿身体运动的协调性、灵活性较差,缺乏耐受性和对自然变化的适应能力,这主要是城市幼儿因为生活环境比较单一狭小,缺乏运动锻炼,因此城市幼儿可以适当增加体育锻炼和户外活动来弥补这一部分的不足。

## 知识点5　幼儿园课程目标的四种基本取向　【单选】

| 基本取向 | 概念 | 特点 |
| --- | --- | --- |
| 普遍性目标取向 | 依据一定的哲学观或伦理观、意识形态、社会政治需要，对课程进行原则性规范与指导的目标 | 普遍性、模糊性 |
| 行为目标取向 | 以具体的、可被观察与操作的行为来表述的课程目标 | 具体、精确与可操作 |
| 生成性目标取向 | 在教育情境中随着教育过程的展开而自然生成的课程目标 | 强调课程不应只关注规定的目标是否实现，还要关注过程和情感的价值 |
| 表现性目标取向 | 每个儿童在具体的教育情境中所产生的个性化表现，它追求的是儿童反应的多元性，而不是同质性 | 强调儿童的个性化，关注儿童创造性的培养 |

> **知识扩展**
>
> 行为目标一般包括三个构成要素：
>
> （1）核心行为。核心行为是期待幼儿能够做到的某种行为，往往要用一个操作性动词表示。
>
> （2）行为产生的条件。行为产生的条件是核心行为发生的条件或背景。
>
> （3）行为表现的标准。行为表现的标准指核心行为表现可接受的程度。

## 第三节 幼儿园课程内容

### 知识点1 幼儿园课程内容的内涵

幼儿园课程内容是指依照幼儿园课程目标选定的通过一定的形式表现和组织的基本知识、基本态度和基本行为。

### 知识点2 幼儿园课程内容的取向 【单选】

取向 ｛ 课程内容即教材
课程内容即学习活动
课程内容即学习经验

> **学霸点睛**
>
> （1）课程内容即教材的取向，将课程内容作为预设的东西，规定了教师应该教什么、儿童应该学什么。
>
> （2）将课程内容看成是学习活动的取向，其关注点放在儿童做些什么方面，强调课程与社会生活的联系，强调儿童在学习中的主动性。
>
> （3）课程内容即学习经验的取向，认为儿童是否能够真正理解和获得课程内容，主要取决于儿童已有的心理结构，取决于儿童与环境之间的有意义的交互作用。

### 知识点3 幼儿园课程内容的范围

(1)有助于儿童获得基础知识的内容；

(2)有助于掌握基本活动方式的内容；

(3)有助于发展儿童的智力和能力的内容；

(4)有助于培养儿童情感态度的内容。

## 知识点4 幼儿园课程内容选择的基本原则

原则
- 目的性
- 发展适宜性
- 生活化(源于生活、并加深对生活的认识)
- 兴趣性
- 基础性(要有利于儿童的长远发展)
- 逻辑性
- 价值性
- 直接经验性(能够让儿童获得直接经验)
- 兼顾"均衡"与"优先"

## 知识点5 幼儿园课程内容的组织方法

| 组织方法 | 含义 |
| --- | --- |
| 逻辑组织法和心理组织法 | 逻辑组织法：根据学科本身的系统及内在联系 |
|  | 心理组织法：根据学习者的心理发展特点，以适应学习者需要 |
| 纵向组织法和横向组织法 | 纵向组织法：按照课程组织的某些准则，以先后顺序排列课程内容 |
|  | 横向组织法：按"广义概念"组织课程内容，即打破传统的知识体系，使课程内容与儿童已有的经验连为一体 |
| 直线组织法和螺旋组织法 | 直线组织法：将课程内容组织成一条在逻辑上前后联系的直线，使前后内容互不重复 |
|  | 螺旋组织法：在不同的阶段，课程内容会重复出现，但这些重复出现的内容在深度和广度上都有所加强 |

## 第四节 幼儿园课程实施

### 知识点1 幼儿园课程实施的内涵

课程实施是指把一项课程计划付诸实践的过程,它是达到预期课程目标的基本途径。幼儿园课程的实施要通过拟定各层次的教育教学计划,并通过儿童在园的一日生活以及一系列具体的教育活动来进行。

### 知识点2 幼儿园课程实施的取向 【单选】

| 课程实施取向 | 概念 | 教师的角色 |
| --- | --- | --- |
| 忠实取向 | 把课程实施过程看成是忠实地执行课程计划的过程 | 课程专家所制订的课程变革计划的忠实执行者 |
| 相互适应取向 | 把课程实施过程看成是课程计划与班级、小组或学校实践情境在课程目标、内容、方法、组织模式各方面相互调整、改变与适应的过程 | 预定课程计划主动的、积极的"消费者" |
| 创生取向 | 把课程看成是教师与学生联合创造的教育经验,课程实施本质上是在具体教育情境中创生新的教育经验的过程,而课程计划只是选择的工具而已 | 课程的开发者 |

### 知识点3 影响幼儿园课程实施的因素

影响因素
- 组织制度因素
- 时间因素
- 物质空间因素
- 教师因素

010

**知识拓展**

课程实施中对时间利用上最大的问题就是时间浪费现象，充分利用好时间的建议与对策：

（1）尽量减少不必要的集体行动，包括不必要的集体活动，以减少等待；

（2）过渡环节提供一些有趣的活动，以减少消极等待；

（3）活动安排要符合儿童的兴趣和需要；

（4）避免照顾过度，以培养儿童的自理能力；

（5）养成良好的常规和专心做事的习惯。

### 知识点4 幼儿园课程实施的途径

幼儿园课程是通过多种途径实施的。具体来说至少包括以下几种：
（1）生活活动；（2）游戏活动；（3）区域活动；（4）教学活动。

**知识拓展**

西方社会幼儿园课程实施的途径
- 自我活动：福禄贝尔和蒙台梭利的教育活动
- 区域游戏活动：美国"自我概念"课程和海伊斯科普课程
- 考察、探究：活动形式包括团体讨论、实地考察、发表、探究、展示

### 知识点5 幼儿园课程实施的形式 【单选】

| 实施形式 | 特点 |
| --- | --- |
| 集体活动 | 效率高，有利于培养幼儿的集体观念和纪律观念。由于幼儿的人数多、幼儿间的个别差异大，难以发挥幼儿的主体性，也难以照顾到每个幼儿的兴趣和需要 |
| 小组活动 | 既为幼儿提供了和同伴及教师交流、讨论、合作的机会，又让幼儿以自己的速度和方式去活动和学习。但是，小组活动的组织相对比较松散 |

续表

| 实施形式 | 特点 |
|---|---|
| 个别活动 | 满足了幼儿的个体需要,给幼儿提供了自主活动的机会,同时,教师可以因材施教,对幼儿进行个别指导。但是,由于活动内容和活动方式的不同,教师的指导也要具有针对性 |

## 第五节 幼儿园课程评价

### 知识点1 幼儿园课程评价的内涵

幼儿园课程评价就是要探索课程的编订和实施是否符合教育目的和儿童身心发展的特点;通过课程的学习,是否收到了预期的效果;课程在什么方面需要改进,等等。

### 知识点2 幼儿园课程评价的要素 【单选】

| 评价目的 | ①研究、完善和发展课程;<br>②管理课程 |
|---|---|
| 评价内容 | 教育效果的评价主要分为幼儿、教育活动、教师这三个评价维度 |
| 评价主体 | ①发挥儿童评价主体的作用;<br>②发挥教师评价主导的作用;<br>③家长的积极参与 |
| 评价标准和指标 | ①意义:导向、鉴定、诊断、规范和改进教育;<br>②特征:准确性、有用性、合法性、可行性 |
| 评价类型 | ①形成性评价与终结性评价;<br>②定性评价与定量评价;<br>③内部评价与外部评价;<br>④整体评价、局部评价与单纯评价;<br>⑤相对评价、绝对评价与个体内差异评价 |
| 评价方法 | 观察、谈话、测验、作品分析、调查、档案分析 |

**知识扩展**

档案袋评价
- 类型
  - 陈列性档案
  - 文件性档案
  - 历程性档案
  - 评鉴性档案
- 内容
  - ①幼儿在幼儿园中的各种作品
  - ②幼儿在活动中的照片或录像
  - ③语言和音乐表现的录音
  - ④教师对幼儿活动的观察记录
  - ⑤幼儿自己通过语言录音、图画或文字的方式表达的自我反思、探究设想和活动过程
  - ⑥轶事记录

## 知识点3　幼儿园课程评价的价值取向

| 价值取向 | 含义 | 本质 | 优缺点 |
| --- | --- | --- | --- |
| 目标取向 | 将评价视为将课程计划与预定的课程目标相对照的过程，课程目标是课程评价的唯一标准 | 本质上是受"科技理性"或"工具理性"支配的，其核心是追求对被评价对象的有效控制和改进 | 简便易行，好操作，容易推广和施行。但这种评价取向忽略了人的行为的主体性、创造性和不可预测性，忽略了过程本身的价值，将课程运行的过程看成了一个简单化的、机械的过程 |
| 过程取向 | 强调评价者与其体评价情境的交互作用，主张凡是具有教育价值的结果，不论是否与预定目标相符合，都应当受到评价者的支持与肯定 | 本质上是受"实践理性"支配的，它强调评价者与被评价者的交互作用、强调评价者对评价情境的理解、强调过程本身的价值 | 对人的主体性、创造性给予一定的尊重。但是，过程取向并没有完全摆脱目标取向评价的影响，对人的主体性的尊重还不够彻底，评价过程的可操作性不够强 |

013

续表

| 价值取向 | 含义 | 本质 | 优缺点 |
| --- | --- | --- | --- |
| 主体取向 | 课程评价是评价者与被评价者、教师与幼儿共同建构意义的过程。在评价情境中，不论是评价者还是被评价者、不论是教师还是幼儿，都是平等的主体 | 本质上是受"解放理性"支配的。它以人的自由与解放作为评价的根本目的，倡导对评价情境的理解而不是控制 | 尊重差异，尊重价值多元，将个性解放置于重要的位置。但是，这种评价取向也因为其多元性、不确定性和随意性，使课程评价在操作上有相当的难度 |

### 知识点4　幼儿园课程评价的主要模式　【单选、简答】

| 模式 | 主要观点 | 代表人物 |
| --- | --- | --- |
| 目标评价模式 | ①确定目标；<br>②根据行为和内容界定目标；<br>③确定使用目标的情境；<br>④设计呈现情境的方式；<br>⑤设计获取记录的方式；<br>⑥确定评价时使用的计分单位；<br>⑦设计获得代表性样本的手段 | 泰勒 |
| 差距评价模式 | ①四个部分：确定课程目标、确定课程表现、对标准和表现进行比较、确定差别是否存在。<br>②五个阶段：设计阶段→装置评价阶段→过程评价阶段→成果评价阶段→成本效益评价阶段 | 普罗沃斯 |
| 目标游离评价模式 | 强调评价者应该关注课程实施的实际效果，而不是预期效应 | 斯克里文 |

续表

| 模式 | 主要观点 | 代表人物 |
| --- | --- | --- |
| 外观评价模式 | 三个重要的因素：前提条件、相互作用和结果 | 斯塔克 |
| CIPP评价模式 | 背景评价、输入评价、过程评价、结果评价 | 斯塔弗尔比姆 |

# 第六节　中外著名的幼儿园课程方案

## 知识点1　陈鹤琴的五指活动课程 【单选】

| | |
| --- | --- |
| 课程目标 | ①做人：要有合作的精神、同情心、服务的精神；<br>②身体：要有健康的体格，养成卫生习惯，并有相当的运动技能；<br>③智力：要有研究的态度，充分的知识和表意的能力；<br>④情绪：能欣赏自然和艺术美，养成快乐精神，打消惧怕的情绪 |
| 课程内容 | ①健康活动：饮食、睡眠、早操、游戏、户外活动、散步等；<br>②社会活动：朝夕会、周会、纪念日、集会、每天的谈话、政治常识等；<br>③科学活动：栽培植物、饲养动物、研究自然、认识环境等；<br>④艺术活动：音乐（唱歌、节奏、欣赏）、图画、手工等；<br>⑤语文活动（文学活动）：故事、儿歌、谜语、读法等 |
| 课程组织 | "整个教学法"，即把儿童应学的东西整个地、有系统地教给儿童，后来称为"单元教学法" |
| 课程实施 | ①采用游戏式教学法；<br>②采用小团体的教学方法；<br>③通过环境的创设和材料的提供引起幼儿的学习动机 |
| 课程编制原则与方法 | ①原则：民族性；科学性；大众性；儿童性；连续发展性；现实性；适合性；教育性；陶冶性；言语性。<br>②方法：圆周法、直进法、混合法 |

## 知识点2  张雪门的行为课程 【单选】

| 课程目标 | ①铲除我民族的劣根性；<br>②唤起我民族的自信心；<br>③养成劳动与客观的习惯态度；<br>④锻炼我民族为争中华之自由平等而向帝国主义作奋斗之决心与实力 |
|---|---|
| 课程内容 | ①儿童自发的诸般活动；<br>②儿童的自然环境；<br>③儿童的社会环境 |
| 课程组织 | 组织的特点包括：<br>①整体的；<br>②偏重于儿童个体的发育；<br>③注重儿童的直接经验 |
| 课程实施 | 单元教学包括：动机、目的、活动、活动过程、工具及材料 |

### 学霸点睛

张雪门的幼稚园"行为课程"理论借鉴了杜威"教育即生活"的理论和陶行知的"知行合一"的思想，强调让儿童在亲身的行动和活动中获得直接经验，主张采用单元教学的方法，打破学科的界限。

## 知识点3  海伊斯科普课程（高宽课程）

1. 理论基础

该课程的理论基础是皮亚杰的认知发展理论。该课程的发展经历了如下三个阶段。

| 第一个阶段 | 关注点放在对儿童进小学做好准备的知识和技能方面 |
|---|---|
| 第二个阶段 | 接受了儿童处于不同发展阶段的观点，尝试把那些代表该发展阶段水平的技能教给儿童 |

续表

| 第三个阶段 | 强调教师通过直接和表征的经验,以适合儿童发展水平的方式帮助儿童增强认知能力,而不是通过教皮亚杰式的技能去加速儿童的发展 |

2. 目标、内容和实施

| 课程目标 | 有效地促进儿童认知能力的发展 |
| --- | --- |
| 课程内容 | 创造性表征、运动、音乐、语言与文字、主体性与社会交往、分类、排序、时间感、空间感、数概念 |
| 课程实施 | 由"计划—做—回忆"三个环节以及其他一些活动组成 |

3. 教师的作用

在海伊斯科普课程中,教师主要是儿童解决问题活动的积极鼓励者。

具体来说,教师可以通过以下方法鼓励儿童主动地去解决问题:

(1)提供丰富的材料和活动,使儿童能对材料和活动进行选择。

(2)明确要求儿童运用某种方式决定计划和制定目标,并在完成目标的过程中找到和评判不同解决问题的办法。

(3)通过提问、建议和环境设计,为儿童创造与其思维发展、语言发展和社会性发展有关的关键经验的活动情景。

### 知识点4　瑞吉欧教育体系

| 理论基础 | ①意大利特有的文化和政治;<br>②进步主义教育思潮的影响;<br>③建构主义理论的影响 |
| --- | --- |
| 目标 | 追求儿童愉快、幸福、健康地成长 |
| 内容 | 课程的内容来自周围的环境,来自生活中儿童感兴趣的事物、现象和问题,来自他们的各种活动 |
| 课程的实施 | 主要是以"方案活动"或"项目活动"的方式展开的,方案活动是瑞吉欧教育方案的灵魂与核心 |
| 教师的作用 | 儿童的伙伴、养育者和指导者 |

**知识扩展**

环境是重要的教育因素。在瑞吉欧的教育取向中也把环境作为教育的一个重要因子。用瑞吉欧人形象的说法即是：环境是第三位老师。因为在其学前学校中，每班有两位老师。由此可以看出，他们把环境也作为教育的"内容"，包含着丰富的教育信息和资源，对幼儿的学习起着促进、激发的作用。

## 要点回顾

1. 幼儿园课程的内涵。
2. 幼儿园课程的性质与特点。
3. 幼儿园课程的要素。
4. 幼儿园课程的类型。
5. 幼儿园课程目标制定的原则。
6. 幼儿园课程目标的四种基本取向。
7. 幼儿园课程内容选择的基本原则。
8. 幼儿园课程实施的取向。
9. 幼儿园课程实施的形式。
10. 幼儿园课程评价的要素。
11. 幼儿园课程评价的主要模式。
12. 陈鹤琴的五指活动课程的内容。

# 第二章 学前健康领域

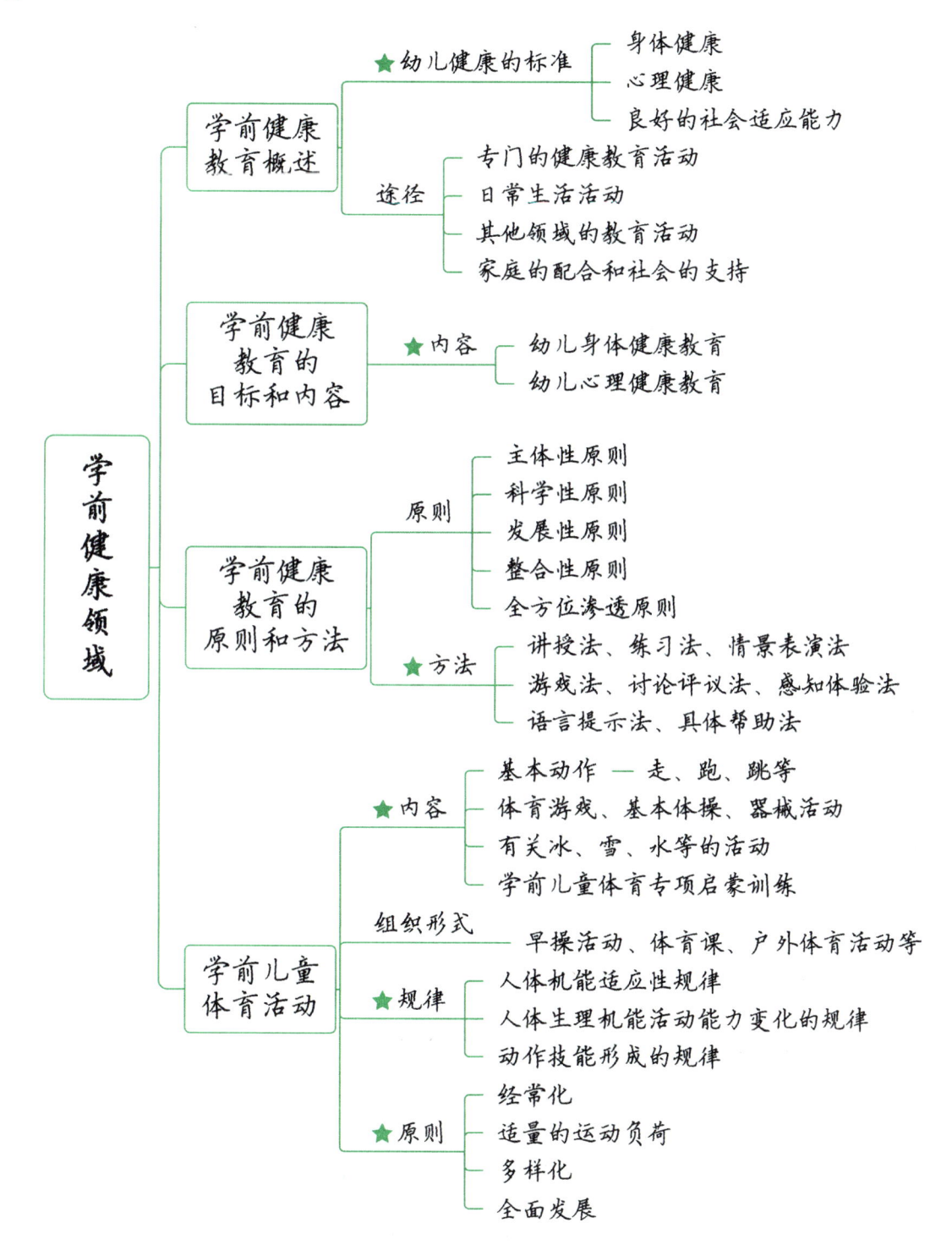

## 思维导图

- 学前健康领域
  - 学前健康教育概述
    - ★幼儿健康的标准
      - 身体健康
      - 心理健康
      - 良好的社会适应能力
    - 途径
      - 专门的健康教育活动
      - 日常生活活动
      - 其他领域的教育活动
      - 家庭的配合和社会的支持
  - 学前健康教育的目标和内容
    - ★内容
      - 幼儿身体健康教育
      - 幼儿心理健康教育
  - 学前健康教育的原则和方法
    - 原则
      - 主体性原则
      - 科学性原则
      - 发展性原则
      - 整合性原则
      - 全方位渗透原则
    - ★方法
      - 讲授法、练习法、情景表演法
      - 游戏法、讨论评议法、感知体验法
      - 语言提示法、具体帮助法
  - 学前儿童体育活动
    - ★内容
      - 基本动作——走、跑、跳等
      - 体育游戏、基本体操、器械活动
      - 有关冰、雪、水等的活动
      - 学前儿童体育专项启蒙训练
    - 组织形式
      - 早操活动、体育课、户外体育活动等
    - ★规律
      - 人体机能适应性规律
      - 人体生理机能活动能力变化的规律
      - 动作技能形成的规律
    - ★原则
      - 经常化
      - 适量的运动负荷
      - 多样化
      - 全面发展

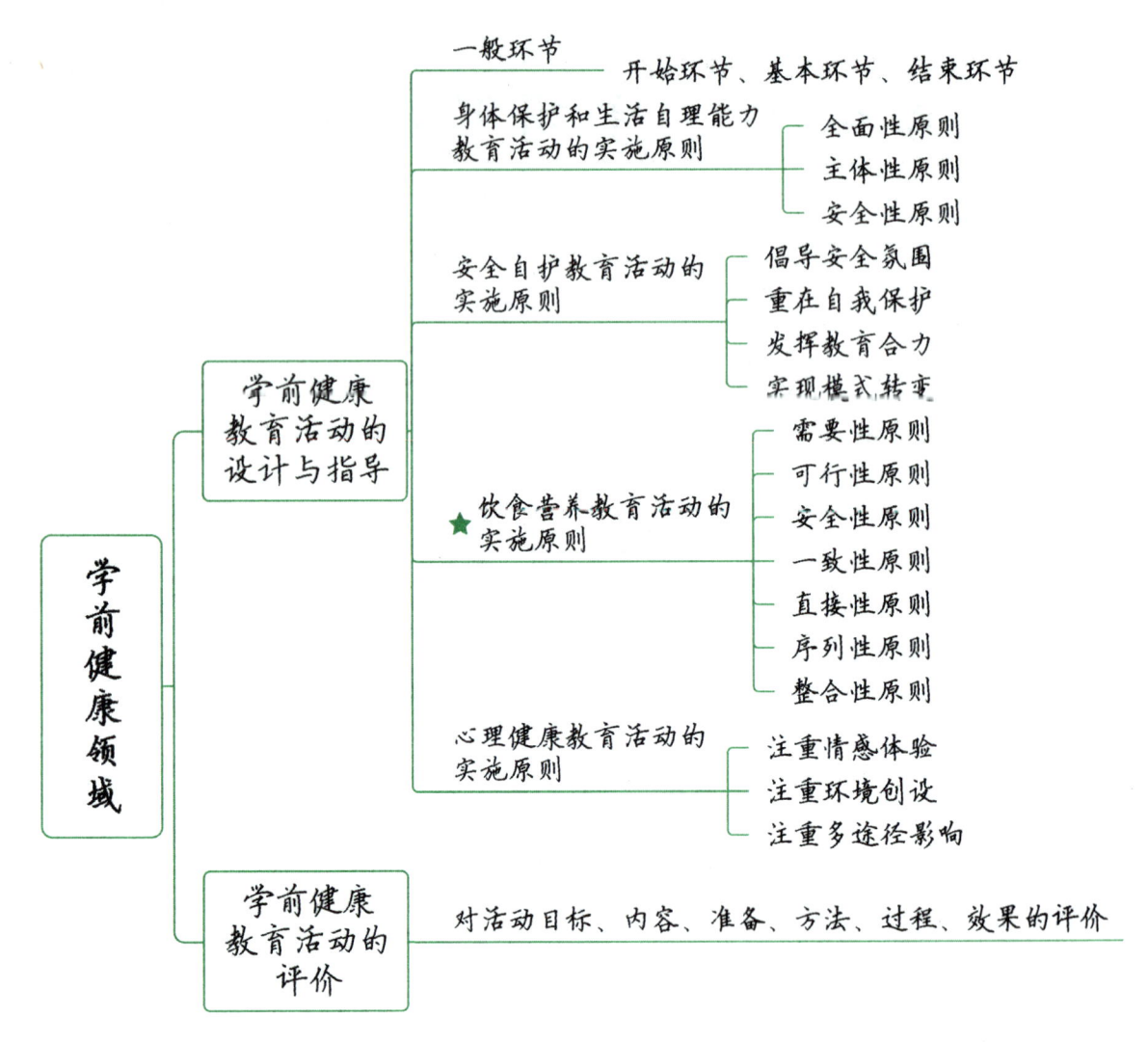

```
                                    ┌─ 一般环节 ──── 开始环节、基本环节、结束环节
                                    │
                                    │                        ┌─ 全面性原则
                                    ├─ 身体保护和生活自理能力  │
                                    │  教育活动的实施原则 ────┼─ 主体性原则
                                    │                        └─ 安全性原则
                                    │
                                    │                    ┌─ 倡导安全氛围
                                    │  安全自护教育活动的 ├─ 重在自我保护
              ┌─ 学前健康           ├─ 实施原则 ─────────┼─ 发挥教育合力
              │  教育活动的          │                    └─ 实现模式转变
              │  设计与指导          │
              │                    │                    ┌─ 需要性原则
              │                    │                    ├─ 可行性原则
学前健康领域 ─┤                    │  ★饮食营养教育活动的├─ 安全性原则
              │                    ├─ 实施原则 ─────────┼─ 一致性原则
              │                    │                    ├─ 直接性原则
              │                    │                    ├─ 序列性原则
              │                    │                    └─ 整合性原则
              │                    │
              │                    │                    ┌─ 注重情感体验
              │                    └─ 心理健康教育活动的 ├─ 注重环境创设
              │                       实施原则 ─────────└─ 注重多途径影响
              │
              └─ 学前健康 ──── 对活动目标、内容、准备、方法、过程、效果的评价
                 教育活动的
                 评价
```

# 知识梳理

## 第一节 学前健康教育概述

### 知识点1 学前健康教育的内涵

学前健康教育是根据幼儿身心发展的特点，以提高幼儿的健康认识、改善幼儿的健康态度、培养幼儿的健康行为、保持和促进幼儿健康为目的的系统的教育活动。它的关键是使幼儿形成健康的行为。

### 知识点2 幼儿健康的标准 【单选、多选、判断】

幼儿健康应该是指幼儿各器官、各组织的生长发育和心理发展良好，没有身心疾病或缺陷，性格开朗、情绪乐观，对自然和社会环境有较强的适应

能力。具体包括：①身体健康；②心理健康；③良好的社会适应能力。

> **知识扩展**
>
> 学前儿童心理健康的标志：
> - 动作发展正常
> - 认知发展正常
> - 情绪稳定，情绪反应适度
> - 乐于与人交往，人际关系融洽
> - 性格特征良好
> - 没有严重的心理卫生问题

### 知识点3　学前儿童健康教育的特点

(1)环境依赖性；(2)生活性；(3)群体性；(4)长期性；(5)渗透性。

### 知识点4　学前儿童健康教育的途径

(1)专门的健康教育活动是实施健康教育的重要途径；

(2)学前儿童健康教育要结合日常生活活动进行；

(3)结合其他领域的教育活动实施学前儿童健康教育；

(4)学前儿童健康教育需要家庭的配合和社会的支持。

### 知识点5　学前健康教育的意义

意义：
- 保护幼儿健康成长的特殊需要
- 为幼儿一生的健康和生活奠定良好的基础
- 对幼儿进行全面素质教育的重要组成部分
- 幼儿的身心健康是国家、民族发展的需要

# 第二节　学前健康教育的目标和内容

## 知识点1　学前健康教育的目标

1. 学前健康教育的总目标

（1）身体健康，在集体生活中情绪安定、愉快；

（2）生活、卫生习惯良好，有基本的生活自理能力；

（3）知道必要的安全保健常识，学习保护自己；

（4）喜欢参加体育活动，动作协调、灵活。

2. 学前健康教育的年龄阶段目标

| 年龄 | 目标 |
| --- | --- |
| 小班 | ①学习洗手、洗脸、整理衣物，喜欢自己进餐、如厕、入睡，有一定的独立性，养成喝水的习惯。<br>②了解自己身体的各种器官及功能，知道身体不舒服时要告诉成人，并乐于接受疾病的治疗；爱吃各种食物；接受成人有关的提示，学习避开活动中可能出现的危险因素。<br>③日常生活中愿意与人交往，知道轮流玩，初步体验与老师、小朋友相处、共同游戏的乐趣。<br>④愉快地参加户外活动，在有趣的游戏中充分锻炼，自然协调地走、跑，并初步掌握跳、爬、钻、投掷、平衡、攀登等基本动作 |
| 中班 | ①形成基本的生活自理能力。学会使用筷子，能独立有次序地穿脱衣物、鞋袜和整理床铺，正确使用手绢、毛巾（餐巾）、便纸等，有做事的成功感。<br>②了解自己身体的主要器官及功能，乐意配合疾病的预防和治疗；爱吃各种食物，知道不同的食物有不同的营养；在活动中学会保护自己，对危险的标志与信号能做出及时的反应。 |

续表

| 年龄 | 目标 |
|---|---|
| 中班 | ③主动与人交往,会使用礼貌用语;能与同伴合作,会谦让,能感受同伴的喜与忧;愿意参加各类活动,大胆地表达自己的见解,保持积极、愉快的情绪;初步学会简单评价同伴的行为。<br>④积极主动地到自然环境中充分活动,不怕寒暑;在跳、爬、钻、投掷、平衡、攀登等各种有趣的活动中发展动作的协调性 |
| 大班 | ①保持仪表整洁,能与同伴保持环境整洁,会动手整理自己的生活场所;养成良好文明的进餐、睡眠、排泄、盥洗等生活、卫生习惯。<br>②了解身体主要器官及自身生长的需要,并初步掌握自我保健的有关常识和简单方法;对食物的营养有初步的认识,具有初步的自我控制饮食的意识;学习沉着地处理日常生活中有可能出现的紧急情况。<br>③能文明、大方地与人交往,以积极恰当的方式参与或发起活动;尊重别人的意愿,比较自觉地控制自己的情绪和行为;学习解决活动中同伴间的纠纷,并学会评价自己与他人;愿意学习同伴的优点,与同伴建立起友好的关系。<br>④精力充沛地坚持参加各种体育锻炼,动作协调、灵活,具有对环境气候的适应能力,体验创造性地进行体育活动的乐趣 |

3.学前健康教育的具体活动目标

学前健康教育的活动目标是学前健康教育的总目标、年龄阶段目标在活动中的具体化。制定具体的健康教育活动目标时,必须按照幼儿的身心发展水平和实际的条件,充分考虑健康教育活动的内容和形式的不同,有针对性地制定。

## 知识点2　学前健康教育的内容　【单选】

内容
- 幼儿身体健康教育
  - 体育锻炼
  - 生活卫生习惯
  - 饮食与营养
  - 安全自护
- 幼儿心理健康教育
  - 学习表达和调节自己情绪的方法
  - 培养社会交往能力
  - 锻炼独立生活和学习的能力
  - 培养讲礼貌、热爱集体等良好的习惯和情感
  - 进行早期性教育
  - 预防心理障碍和行为异常

> **知识拓展**
>
> 在幼儿心理健康教育的内容中，培养社会交往能力主要包括三个方面的内容：(1)感知和理解他人的情感；(2)学会互助、合作和分享；(3)恰当的自我评价。

# 第三节　学前健康教育的原则和方法

## 知识点1　学前健康教育的原则

(1)主体性原则；(2)科学性原则；(3)发展性原则；(4)整合性原则；(5)全方位渗透原则。

## 知识点2　学前健康教育的方法　【单选】

| 方法 | 含义 |
| --- | --- |
| 讲授法 | 教师通过口头语言向幼儿描绘情境、叙述事实、解释概念、论证原理和阐明规律的教学方法 |

续表

| 方法 | 含义 |
|---|---|
| 练习法 | 通过讲解示范后,在幼儿初步建立与活动有关的表象或概念的基础上,让幼儿在教师的指导下进行各种身体练习,以实现身体锻炼活动目标的一种方法 |
| 情景表演法 | 在教学过程中,教师有目的地引入或创设具有一定情绪色彩的、以形象为主体的生动具体的场景,以引起幼儿的态度体验,激发幼儿的情感 |
| 游戏法 | 以游戏的形式组织幼儿进行锻炼的方法 |
| 讨论评议法 | 幼儿参与健康教育的过程中,让他们提出问题,发表自己的看法和意见,最后得出结论,形成共识 |
| 感知体验法 | 教师引导幼儿欣赏和感受自然、社会、生活中美好的事物或亲自参与活动中、获得内在经验,吸收和拓展知识经验的过程 |
| 语言提示法 | 在幼儿进行身体基本动作练习时,教师用简短明确的语言,提示和指导幼儿正确完成动作的方法 |
| 具体帮助法 | 教师直接而具体地帮助幼儿纠正错误的动作,掌握正确的练习要求和方法 |

## 第四节 学前儿童体育活动

### 知识点1 学前儿童体育活动的内涵与特点

1. 学前儿童体育活动的内涵

学前儿童体育活动是遵循0至6、7岁儿童身体生长发育的特点和规律,以增强儿童体质,发展儿童身心素质和初步运动能力,提高儿童健康水平为目的所进行的一系列教育活动。

## 2. 学前儿童体育活动的特点

特点
- ①学习基本活动技能和简单的体操动作，不教授专项运动和技术动作
- ②**体育游戏**是学前儿童的主要活动内容和方式
- ③运动负荷的特点：强度较小、密度较大、时间较短、急缓结合、动静交替
- ④体育课是教学的重要组织形式
- ⑤组织方式、方法灵活多样，约束性小，可根据儿童的实际情况随机变动
- ⑥不搞考试，不搞达标测验
- ⑦**阶段性强**

### 知识点2　学前儿童体育活动的目标

1. 总目标

（1）激发学前儿童参加体育活动的兴趣，提高学前儿童对体育活动的积极性、主动性和创造性，开发学前儿童的运动潜能；

（2）激发学前儿童活泼、愉快的情绪和乐观开朗的性格，培养学前儿童坚强、勇敢、不怕困难的意志品质和主动、乐观、合作的态度；

（3）促进学前儿童身体正常发育、机能协调发展，提高机体对环境的适应能力。

2. 年龄阶段目标

学前儿童体育活动的年龄阶段目标具体参看《3～6岁儿童学习与发展指南》健康领域中"动作发展"的目标。

3. 具体目标

制定具体的体育活动目标时，必须按照学前儿童的发展水平和实际的条件，充分考虑体育活动的内容和形式的不同，有针对性地制定。制定体育活动目标有以下三个具体要求：

（1）一个具体体育活动的展示及目标的实现是达成年龄目标的必然环节。因此，在制定具体的活动目标时，应紧扣年龄阶段目标。

（2）活动目标的内容应从发展学前儿童的认知、情感及动作和技能等方面全面考虑，体现活动功能的综合性。在表述时，每一方面尽量分别阐述，避免交叉，但也应考虑突出重点，不必面面俱到。

（3）表述要具体、明确、操作性强，宜采用学前儿童行为目标表达方式，即以学前儿童应习得的各种行为来表达活动的目标。

### 知识点3　学前儿童体育活动的内容　【单选、判断】

1. 基本动作

（1）走

走是学前儿童从爬到直立后在发展上最重要的一次飞跃，是人体移动位置最自然、最省力的活动，是锻炼身体的手段之一，是幼儿园一项重要的体育活动内容。

①学前儿童走的能力发展

| 年龄段 | 特点 |
| --- | --- |
| 小班 | 头重脚轻，腿部力量差，靠上体前倾移动重心，步幅小，速度不均匀，因而走跑分不清，走的步伐不均，落地重，走时注意力分散，东张西望，走不成队，不能形成整齐的队伍走，不能一个跟着一个走 |
| 中班 | 有变化，上下肢较协调，动作较平稳，但步伐不匀，节奏感不强 |
| 大班 | 动作发展好，走得轻松、自然、平稳有力、协调，走时基本能控制速度，但不具备齐步走的能力。横队走不齐，纵队能走齐 |

②走的动作要领

上体正直，自然挺胸，目视前方，肩臂放松，以肩为轴，两臂前后自然摆动，弧度随步幅而定，步幅要大而均匀，抬腿的方向要向正前方，落地要轻而柔，脚尖向前（不要形成内八、外八）。

③各年龄班走的要求及内容

|  | 小班 | 中班 | 大班 |
|---|---|---|---|
| 要求 | 上体正直、自然走，不要求整齐与规格 | 上体正直，下肢协调走，两臂前后自然摆动，走得自然、轻松、有节奏，落地要轻 | 步伐均匀，有精神地走 |
| 内容 | 听信号向指定方向走；一个跟着一个走 | 听信号有节奏地走；听信号变速走 | 听信号改变方向走；一对一对整齐地走 |

④教学建议

A. 学前儿童走须轻松自然，教学重点是腿的动作和躯干的正直，抬腿不过高，不过低，落地轻。

B. 采用多种手段和方法教学，发展学前儿童走的能力。

C. 用散步、游览发展学前儿童走的能力。

D. 在日常生活中培养学前儿童走路的正确姿势。

E. 教师、家长做学前儿童的表率。

（2）跑

跑是人体移动位置最自然、最快的方式，是锻炼身体的有效手段，是幼儿园开展最广泛的体育活动内容之一。

①学前儿童跑的能力发展

| 年龄段 | 特点 |
|---|---|
| 小班 | 跑的步幅小，步伐不均匀，上下肢不协调，身体不平衡，速度慢、耐力差，跑动中控制身体的能力差，不易立刻停止、转弯、躲闪障碍 |
| 中班 | 动作协调、自然，能听信号改变方向，速度快，追逐跑 |
| 大班 | 灵敏、协调、控制力高，转、停顿灵活 |

②跑的动作要领

上体前倾,两手半握拳,屈肘在体侧,前后自然摆动,眼向前看,呼吸自然有节奏,腿向后蹬地有力,向前摆腿方向正,幅度大,膝关节放松,前脚掌先着地,脚尖向前,落地轻。

③各年龄班跑的要求及内容

|  | 小班 | 中班 | 大班 |
| --- | --- | --- | --- |
| 要求 | 自然跑 | 上下肢协调,轻松跑,摆臂好 | 上体稍前倾,两手半握拳,屈肘在体侧,前后自然摆动,用前脚掌着地跑 |
| 内容 | 沿场地周围跑;听信号向指定方向跑;在指定的范围内四散跑 | 一路纵队跑;四散追逐跑;快跑,10~20米内;走跑交替,100~200米内 | 听信号变速、改变方向跑;快跑,20~30米内;走跑交替,200~300米内 |

④教学建议

A. 跑的内容和教材要多样化。

B. 跑的教学重点是腿的动作。"步子大,落地轻"是腿部动作的基本要求。

C. 跑要遵循人体活动规律。

D. 跑的过程中观察孩子,掌握好活动量。

E. 培养孩子正确的呼吸。

F. 注意跑的方向。

G. 小班的孩子不要求速度和节奏。主要是通过各种游戏进行跑的活动,小班一般不竞赛。

H. 中、大班可多组织些竞赛活动,培养积极性和进取心。

(3)跳

①各年龄班跳的要求及内容

|  | 小班 | 中班 | 大班 |
|---|---|---|---|
| 要求 | 轻轻跳起，自然落下 | 屈膝摆臂，蹬地跳，落地轻，保持平衡 | 屈膝、摆臂，用力蹬地跳起，保持平衡 |
| 内容 | 双脚同时向上跳；从高15～25厘米处向下跳；双脚向前行进跳 | A.原地纵跳触物，物体离学前儿童高举的手指尖15～20厘米；B.双脚在直线两侧行进跳；C.双脚立定跳远，距离不少于30厘米；D.双脚站立在20～30厘米处向下跳；E.助跑跨跳不少于40厘米 | A.原地纵跳触物，物体离学前儿童高举的手指尖20～25厘米；B.从高30～35厘米处向下跳；C.立定跳远不少于40厘米；D.助跑跨跳不少于50厘米；E.助跑屈腿跳过30～40厘米的高度；F.跳绳、跳皮筋 |

②教学建议

A.跳跃教学的重点是起跳和落地。

B.全面完成教育任务。

C.克服孩子害怕的心理，保护安全。

(4)投掷

①各年龄班投掷的要求及内容

|  | 小班 | 中班 | 大班 |
|---|---|---|---|
| 要求 | 滚、抛、拍和接滚动的球 | 肩上挥投掷物和接抛来的球 | 行进间拍球，变化形式拍球和集体接力拍球。肩投不仅要投远而且要投准 |

续表

|  | 小班 | 中班 | 大班 |
|---|---|---|---|
| 内容 | 滚、接大皮球；<br>双手抛大皮球；<br>拍皮球 | 自抛自接高、低球；<br>两人近距离抛球；<br>投远；<br>左右手拍球 | 2~4米间抛接大球；<br>花样拍球；<br>边跑边拍，边走边拍；<br>投远，投准（距离3米左右、标靶直径60厘米） |

②教学建议

A. 常讲多练，运用各种游戏方法。

B. 贯彻循序渐进的原则，逐步提高难度。

C. 不能长期运用一只手抛，应尽可能让学前儿童双手都得到锻炼，使之均衡发展。

D. 常变换投掷物，增加孩子的兴趣。

（5）钻爬与攀登

①各年龄班钻爬与攀登的要求及内容

|  | 小班 | 中班 | 大班 |
|---|---|---|---|
| 要求 | 学会低头过障碍；<br>手膝协调向前爬；<br>能在攀登架上爬上爬下 | 低头缩身，手脚协调地钻爬和攀登 | 在中班基础上，协调灵敏地钻爬和攀登障碍 |
| 内容 | 钻过70厘米高障碍物；<br>两手两膝着地向前爬；<br>在攀登架上爬上爬下 | 钻过直径为60厘米的圈；<br>手脚着地屈膝爬；<br>手脚协调地攀登 | 巩固提高 |

②教学建议

A. 钻、爬和跑跳相结合。

B. 注意安全。

C. 利用现有的地形、场地，多给孩子练习机会。

D. 如果老师不能做示范,就要请能力强的孩子做示范。

(6) 平衡

① 各年龄班平衡的要求及内容

|  | 小班 | 中班 | 大班 |
|---|---|---|---|
| 要求 | 自然走,身体不左右摇晃 | 上体正直,上下肢协调 | 上体正直,步子均匀,上下肢协调,动作自然 |
| 内容 | 在宽15~25厘米平行线内走;在15~20厘米斜坡上走上走下 | 原地转1~3圈;闭眼走5~10步;在高20~30厘米,宽15~20厘米的平衡木上走 | 单脚站立5~10秒;单脚站,闭眼转;在有间隔的物体上走,在平衡木上变换动作走 |

② 教学建议

A. 通过各种有情节的游戏进行,让学前儿童被情节所吸引,减少孩子的紧张,提高效率。

B. 在有一定高度时,既要鼓励孩子勇敢,又要有一定帮助。

C. 在有间隔物上走,以孩子的小步为适。

D. 创造、利用现有的条件、环境,多给孩子练习。

E. 坚持循序渐进的原则。

> **知识拓展**
>
> 平衡动作主要可分为动力性平衡和静力性平衡两类。其中,动力性平衡的练习方法有原地旋转、闭目行进、窄道移动、跑步急停或急转身、坐转椅等。静力性平衡的练习方法有闭目站立、提踵站立、单脚站立等。
>
> 教师在组织幼儿练习平衡动作时,应以动力性平衡练习为主,可穿插一些静力性平衡练习,注意避免让幼儿做较长时间的静力性练习,如单脚站立等。

2.体育游戏

(1)学前儿童体育游戏的内涵

学前儿童体育游戏是幼儿园体育活动中最重要的内容。它是以基本动作为主要内容,以游戏活动为主要形式,以增强学前儿童体质为主要目的的一种活动。

(2)各年龄班体育游戏的特点

| 小班 | 中班 | 大班 |
| --- | --- | --- |
| ①游戏的动作、内容、情节简单,角色少,为便于相互模仿,主要是集体同时做相同的动作。<br>②游戏规则简单且和内容联系在一起,一般不带局限性。<br>③孩子对游戏的动作、角色、情节感兴趣,对结果不太注意,一般不竞赛 | ①游戏的动作、内容、情节比小班复杂,角色增多。<br>②游戏的规则比小班复杂,带有一定的限制性、惩罚性。<br>③孩子不仅喜欢游戏的情节、角色,而且开始注意游戏的结果。<br>④喜欢追逐、竞赛,有竞赛因素的游戏占较大的比例 | ①游戏动作增多,难度加大,角色更复杂,要求孩子动作灵敏、协调。<br>②规则加深。<br>③喜欢竞争性活动;喜欢有胜负结果的游戏。<br>④绝大多数的游戏带有竞赛因素,赏罚分明 |

(3)学前儿童体育游戏创编的原则

原则
- 灵巧性
- 趣味性
- 智慧性
- 教育性
- 安全性

3. 基本体操

（1）学前儿童体操的内容与特点

①学前儿童操

学前儿童操可分为模仿操、徒手体操、轻器械操。小班以模仿操为主；中班以徒手操为主，学习简单的轻器械操；大班以徒手操为主，学习较难些的轻器械操。

②排队和变换队形

各年龄班排队和变换队形的内容

| 班次<br>内容 | 小班 | 中班 | 大班 |
| --- | --- | --- | --- |
| 排队 | 稍息，立正，看齐，齐步走，跑步走，立定 | 在小班的基础上，增加了原地踏步、跑步走 | 在中班基础上，增加了向左（右）转，便步走，左（右）转弯走 |
| 变换队形 | 一个跟一个走圆圈 | 听口令切段分队走 | 听口令左右转弯分队走，螺旋走，蛇形走，开花走，等等 |

（2）选择和创编学前儿童体操的基本要求

基本要求 ｛ 动作应简单易做，活泼欢快
要注意学前儿童身体的全面锻炼与发展
合理地安排动作程序及活动量
注重兴趣性，要有美感

**学霸点睛**

编排成套的学前儿童体操的程序是：上肢或四肢的伸展动作——扩胸、转体的动作——腹背的动作——下肢及全身的动作——放松、整理的动作。其动作的速度应该由慢到快，再由快到慢。整套动作的活动量也应由小到大，再由大到小。

4. 器械活动

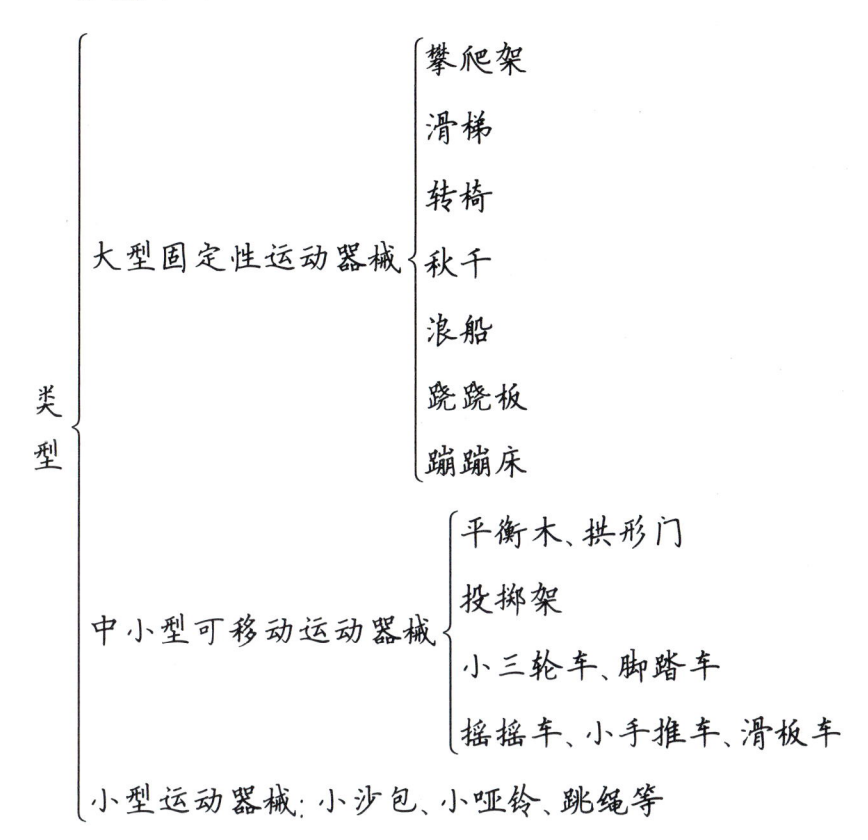

类型
- 大型固定性运动器械
  - 攀爬架
  - 滑梯
  - 转椅
  - 秋千
  - 浪船
  - 跷跷板
  - 蹦蹦床
- 中小型可移动运动器械
  - 平衡木、拱形门
  - 投掷架
  - 小三轮车、脚踏车
  - 摇摇车、小手推车、滑板车
- 小型运动器械：小沙包、小哑铃、跳绳等

5. 有关冰、雪、水等的活动

幼儿园适时地对学前儿童开展三浴及冰雪锻炼，不仅能促进学前儿童的生长发育，提高健康水平，同时，还可以培养学前儿童克服困难的勇气和坚强的意志品质。

6. 学前儿童体育专项启蒙训练

有条件的幼儿园可以开展如游泳、武术、溜冰、乒乓球、滑板等专项体育启蒙训练。

## 知识点4 　学前儿童体育活动的组织形式与指导 【单选】

1. 早操活动

| 基本内容 | 指导要点 |
| --- | --- |
| ①热身活动。其主要目的是引导学前儿童身体各器官组织的生理机能由平静状态进入活动状态，从而为下一步活动做好积极准备。<br>②主体活动。其主要目的是对身体进行全面锻炼，主要包括基本体操练习和体能活动。<br>③放松活动。放松活动主要以放松操、小游戏、呼吸练习或简单的队列队形的练习为主，活动强度要小，可以与归还器材结合在一起进行 | ①活动内容应丰富多样；<br>②带操教师的行为要规范；<br>③注意天气因素的影响；<br>④注意早操活动的安全性；<br>⑤激发学前儿童的积极性和主动性 |

2. 体育课

| 基本结构 | 指导要点 |
| --- | --- |
| ①开始部分。迅速地将学前儿童组织起来，使他们集中注意力，并通过做一些必要的身体准备活动，让学前儿童从生理和心理上做好参与活动的准备。<br>②基本部分。完成本次体育课活动的教学内容。主要包括学习新授课和巩固复习课。<br>③结束部分。通过一些放松身体的活动使学前儿童的身心由高度兴备或紧张的状态逐渐过渡到相对轻松的状态 | ①明确活动目标；<br>②师幼积极互动；<br>③合理安排运动量；<br>④活动形式多样化；<br>⑤及时进行回顾与分析 |

### 学霸点睛

体育课的时间一般依据学前儿童的年龄特点和动作发展水平来确定。一般来说，小班为20分钟左右，中班为30分钟左右，大班为40分钟左右，也可根据季节特点做适当调整。

### 3. 户外体育活动

| 基本内容 | 指导要点 |
| --- | --- |
| ①各种运动器械活动；<br>②体育游戏活动；<br>③利用环境和大型设施的户外体育活动；<br>④学前儿童体操 | ①提供多样化的运动器械；<br>②关注运动安全；<br>③给予适当的指导（支持幼儿的自主尝试和探索，不要过多干扰他们的运动，在他们需要的时候给予适当的引导和帮助）；<br>④控制和调节运动负荷 |

### 4. 运动会

| 基本内容 | 指导要点 |
| --- | --- |
| 幼儿园运动会主要包括体育表演、体育竞赛、体育娱乐三种类型的活动。其中，不仅有幼儿参与，也可以有教师、家长和社区有关人员参与 | ①面向全体，人人参与，重在娱乐；<br>②重在平时锻炼，不搞突击训练；<br>③体育竞赛中应以集体和合作的项目为主，注重团队精神的培养；<br>④注意运动卫生和运动安全，专职人员要做好防范意外的充分准备；<br>⑤应事先通知家长和其他参与人员，使他们了解如何配合教师、支持幼儿活动的重要事宜；<br>⑥幼儿园运动会一般安排在春、秋两季，也可以和两季的节日整合起来进行 |

5. 室内体育活动

| 基本内容 | 指导要点 |
| --- | --- |
| 室内器械活动、体育游戏活动和球类活动等,其具体内容可以是钻、爬、跳、投掷、翻滚等基本动作活动,也可以是体操、器械等体育活动 | ①活动时要注意开窗,以保持室内空气的流通。<br>②教师应根据场地的大小合理安排活动内容,并结合学前儿童的人数,有效组织活动,避免过于拥挤。<br>③教师要注意活动器械和场地的安全,避免学前儿童在活动中受伤。<br>④教师可适时安排学前儿童进行场地器材的布置和整理,以提高学前儿童参与活动的主动性 |

6. 远足活动

| 基本内容 | 指导要点 |
| --- | --- |
| 幼儿园开展远足活动时,可以结合季节特点,组织春游和秋游等活动 | ①远足活动距离的长短,应根据学前儿童的年龄及体质状况来确定,基本原则是由近到远、逐步增长。<br>②选择远足的目的地及路途时,教师应充分考虑学前儿童的安全,并在出发前做好全面的准备工作。另外,在徒步的过程中,教师要做好队伍的管理和组织工作,以培养学前儿童良好的组织纪律性。<br>③远足活动最好有医护人员同行,以防意外事故的发生。<br>④远足活动可以与其他领域的教育活动结合起来进行,使其成为综合的教育课程,充分挖掘其活动的教育价值 |

7. 三浴锻炼

| 基本内容 | 指导要点 |
| --- | --- |
| 三浴锻炼主要包括空气浴、日光浴和水浴 | ①根据当地气候和季节特点以及幼儿园条件等客观情况,认真制定、适时调整锻炼的时间和具体内容;<br>②注意锻炼的循序渐进性;<br>③专职人员做好安全保障工作;<br>④培养幼儿安全意识,建立必要的安全行为规范 |

## 知识点5　学前儿童体育活动应遵循的规律　【单选】

规律
- 人体机能适应性规律
- 人体生理机能活动能力变化的规律
- 动作技能形成的规律

> **学霸点睛**
>
> 机体适应活动所产生的体内一系列变化的过程,是由工作阶段进入相对恢复阶段和超量恢复阶段,最后到复原阶段。这就是人体机能适应性规律。
>
> 人体在运动过程中,生理机能活动能力是不断变化的,这个过程可分为上升、平稳和下降三个阶段,这个变化过程是一个客观规律。
>
> 动作技能的形成与提高,大致包括相互联系的三个阶段:粗略地掌握动作、改进和提高动作、巩固和运用动作。

## 知识点6　学前儿童体育活动的原则　【单选、判断】

原则
- 经常化
- 适量的运动负荷
- 多样化
- 全面发展

# 第五节　学前健康教育活动的设计与指导

## 知识点1　学前健康教育活动设计与组织的一般环节

| 步骤 | 组织要点 |
| --- | --- |
| 开始环节 | ①该环节的目的是引发话题,引导幼儿在认知和心理上对要开展的活动有充分的准备,激发幼儿参与的兴趣。<br>②导入方法:直接导入、游戏导入、问题导入等 |

续表

| 步骤 | | 组织要点 |
|---|---|---|
| 基本环节 | 呈现 | 该环节主要是通过实物、问题、动作等的呈现,展开活动内容、实施教学,使幼儿从模糊走向清晰、从疑问走向理解 |
| | 操作（练习） | ①该环节是幼儿自主学习、建构知识的环节。②教师应根据不同内容的需要设计不同形式的操作、探索活动 |
| | 巩固（应用） | ①该环节是幼儿加深对学习内容的印象,迁移和应用所学知识的环节。②可组织表演、游戏等活动来帮助幼儿巩固 |
| 结束环节 | | 该环节的目的是总结教育活动,激发幼儿继续探索的兴趣 |

### 知识点2　学前儿童身体保护和生活自理能力教育活动的设计与指导

1. 实施原则

(1)全面性原则;(2)主体性原则;(3)安全性原则。

2. 指导建议

指导建议
- 要充分认识身体保护和生活自理能力教育的重要意义
- 教师、家长、保育员与学前儿童要密切配合
- 要充分利用电视、录像等现代媒体
- 在游戏活动和教育活动中渗透身体保护和生活自理教育活动
- 要克服成人在生活自理教育中的错误做法
- 以生活中教学为主
- 眼保健教育中成人要以身作则
- 牙保健教育要注意培养幼儿良好的口腔卫生习惯
- 皮肤保健教育要加强皮肤的锻炼,尤其是触觉训练

## 知识点3　学前儿童安全自护教育活动的设计与指导

1. 实施原则

原则 { 倡导安全氛围 / 重在自我保护 / 发挥教育合力 / 实现模式转变

2. 指导建议

安全自护能力是人类生存能力的重要内容,应从学前儿童开始,在做养护工作的同时,有目的、有计划、有步骤地帮助他们发展此项能力。要注意他护与自护教育相结合,特别应注意培养学前儿童心理自护能力,培养他们敢于同困难做斗争的精神。

## 知识点4　学前儿童饮食营养教育活动的设计与指导

1. 实施原则　【单选】

原则 { 需要性原则 / 可行性原则 / 安全性原则 / 一致性原则 / 直接性原则 / 序列性原则 / 整合性原则

---

**学霸点睛**

序列性原则是指饮食营养教育应注意循序渐进。一般而言,个别的学习经验应该是先前经验的自然发展,后续的学习能使先前的经验得到加深和扩展。在饮食营养教育中,需要先让学前儿童对各类食物有一个初步的认识,然后才能培养其合理搭配食物的能力。

2. 实施方法

（1）讲解演示法。

（2）行为练习法。

（3）讨论评议法。

（4）实践操作法。

（5）游戏法。

（6）情景表演法。

### 知识点5　学前儿童心理健康教育活动的设计与指导

| 实施原则 | 实施方法 | 实施时应注意的问题 |
| --- | --- | --- |
| ①注重情感体验；<br>②注重环境创设；<br>③注重多途径影响 | ①榜样示范法；<br>②情景演示法；<br>③行为练习法；<br>④讲解说理法；<br>⑤讨论评议法 | ①教师及周围成人自身心理素质的提高；<br>②渗透在日常教育工作中；<br>③善于观察，适时疏导；<br>④师生平等，尊重学前儿童人格，不要妄下结论；<br>⑤正确看待学前儿童个性差异；<br>⑥幼儿园与家庭、社会密切配合 |

# 第六节　学前健康教育活动的评价

| | |
|---|---|
| 活动目标的评价 | ①与学期目标、年龄阶段目标及幼儿发展的总目标是否一致；<br>②是否符合本班幼儿发展的整体水平和已有经验，并兼顾个体发展的需要；<br>③是否包含知识经验、方法技能、情感态度等多个方面；<br>④是否有利于幼儿的持续学习和发展；<br>⑤表述是否精练、具体，具有可行性 |
| 活动内容的评价 | ①是否与活动目标相一致；<br>②是否具有科学性；<br>③是否适合学前儿童的现有水平；<br>④是否体现整合的理念 |
| 活动准备的评价 | ①是否能达成教育活动目标；<br>②是否有利于教育活动开展；<br>③是否适合幼儿操作；<br>④是否最大限度地利用资源 |
| 活动方法的评价 | ①是否适合幼儿的年龄特点；<br>②是否做到因地制宜；<br>③是否恰当运用现代科技手段；<br>④是否体现幼儿的主体性；<br>⑤是否采用多种合适的方法 |
| 活动过程的评价 | ①结构是否严密；<br>②是否围绕着活动目标而进行；<br>③是否充分接纳和尊重幼儿的个体差异；<br>④教师与幼儿是否充分互动；<br>⑤是否做到灵活掌握、动态调整 |

续表

| | |
|---|---|
| 活动效果的评价 | ①幼儿的态度是否积极；<br>②幼儿的活动表现；<br>③幼儿的活动收获 |

### 要点回顾

1. 幼儿健康的标准。
2. 学前健康教育的内容。
3. 学前健康教育的方法。
4. 学前儿童体育活动的内容。
5. 学前儿童体育活动应遵循的规律。
6. 学前儿童体育活动的原则。
7. 学前儿童饮食营养教育活动的实施原则。
8. 学前儿童心理健康教育活动实施时应注意的问题。

# 第三章　学前语言领域

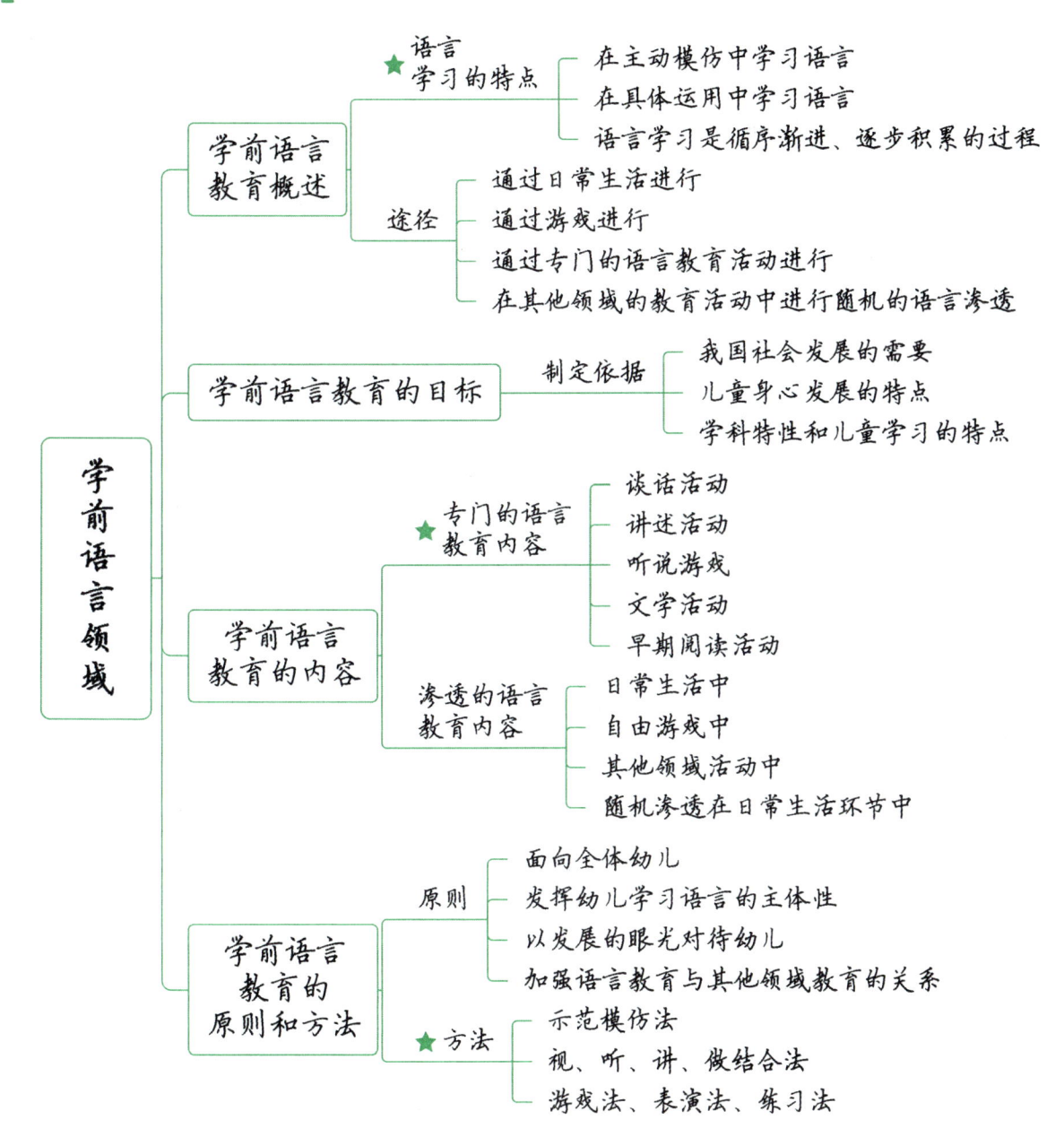

## 思维导图

学前语言领域
- 学前语言教育概述
  - ★语言学习的特点
    - 在主动模仿中学习语言
    - 在具体运用中学习语言
    - 语言学习是循序渐进、逐步积累的过程
  - 途径
    - 通过日常生活进行
    - 通过游戏进行
    - 通过专门的语言教育活动进行
    - 在其他领域的教育活动中进行随机的语言渗透
- 学前语言教育的目标
  - 制定依据
    - 我国社会发展的需要
    - 儿童身心发展的特点
    - 学科特性和儿童学习的特点
- 学前语言教育的内容
  - ★专门的语言教育内容
    - 谈话活动
    - 讲述活动
    - 听说游戏
    - 文学活动
    - 早期阅读活动
  - 渗透的语言教育内容
    - 日常生活中
    - 自由游戏中
    - 其他领域活动中
    - 随机渗透在日常生活环节中
- 学前语言教育的原则和方法
  - 原则
    - 面向全体幼儿
    - 发挥幼儿学习语言的主体性
    - 以发展的眼光对待幼儿
    - 加强语言教育与其他领域教育的关系
  - ★方法
    - 示范模仿法
    - 视、听、讲、做结合法
    - 游戏法、表演法、练习法

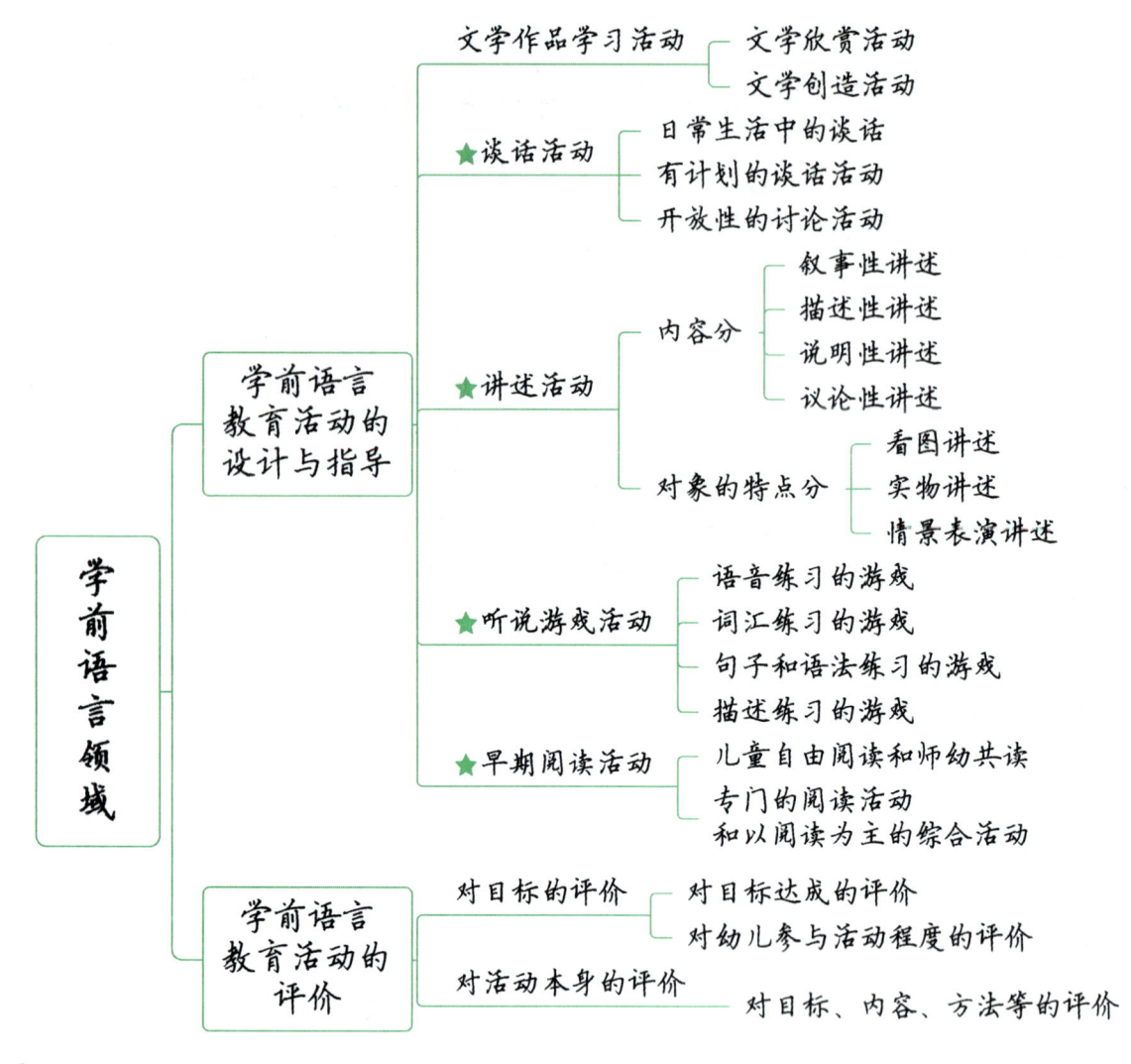

```
学前语言领域
├── 学前语言教育活动的设计与指导
│   ├── 文学作品学习活动
│   │   ├── 文学欣赏活动
│   │   └── 文学创造活动
│   ├── ★谈话活动
│   │   ├── 日常生活中的谈话
│   │   ├── 有计划的谈话活动
│   │   └── 开放性的讨论活动
│   ├── ★讲述活动
│   │   ├── 内容分
│   │   │   ├── 叙事性讲述
│   │   │   ├── 描述性讲述
│   │   │   ├── 说明性讲述
│   │   │   └── 议论性讲述
│   │   └── 对象的特点分
│   │       ├── 看图讲述
│   │       ├── 实物讲述
│   │       └── 情景表演讲述
│   ├── ★听说游戏活动
│   │   ├── 语音练习的游戏
│   │   ├── 词汇练习的游戏
│   │   ├── 句子和语法练习的游戏
│   │   └── 描述练习的游戏
│   └── ★早期阅读活动
│       ├── 儿童自由阅读和师幼共读
│       ├── 专门的阅读活动
│       └── 和以阅读为主的综合活动
└── 学前语言教育活动的评价
    ├── 对目标的评价
    │   ├── 对目标达成的评价
    │   └── 对幼儿参与活动程度的评价
    └── 对活动本身的评价
        └── 对目标、内容、方法等的评价
```

**知识梳理**

# 第一节 学前语言教育概述

| 学前儿童语言学习的特点 | ①幼儿在主动模仿中学习语言,是一个主动构建的过程;<br>②幼儿在具体运用中学习语言,是幼儿语言个性化的过程;<br>③幼儿语言学习是循序渐进、逐步积累的过程 |
|---|---|

续表

| | |
|---|---|
| 学前语言教育的途径 | ①通过日常生活进行语言教育；<br>②通过游戏进行语言教育；<br>③通过专门的语言教育活动进行语言教育；<br>④在其他领域的教育活动中进行随机的语言渗透教育 |
| 学前语言教育的作用 | ①帮助幼儿形成良好的听、说能力与习惯；<br>②促进幼儿的社会化进程；<br>③培养幼儿对文学作品的兴趣，养成良好的阅读习惯；<br>④为学习书面语打好基础 |

## 第二节 学前语言教育的目标

### 知识点1 学前语言教育目标制定的依据

制定依据 { 我国社会发展的需要
儿童身心发展的特点
语言的学科特性和儿童语言学习的特点

### 知识点2 学前语言教育目标的层次结构

1. 学前语言教育总目标

（1）乐意与人交谈，讲话礼貌；

（2）注意倾听对方讲话，能理解日常用语；

（3）能清楚地说出自己想说的事；

（4）喜欢听故事、看图书；

（5）能听懂和会说普通话。

2.学前语言教育年龄阶段目标

| 年龄段 | 分类 | 目标 |
| --- | --- | --- |
| 小班 | 谈话活动 | ①学会安静地听同伴说话，不随便插嘴；<br>②喜欢与同伴交谈，愿意在集体面前讲话；<br>③能听懂并愿意说普通话；<br>④在教师的引导下，学习围绕主题谈话，能用短句表达自己的意思；<br>⑤初步学习常见的交往语言和礼貌用语 |
| | 讲述活动 | ①能够运用各种感官，按照要求去感知讲述内容；<br>②理解内容简单、特征鲜明的实物、图片和情境；<br>③愿意在集体面前讲述；<br>④能正确地讲述内容的主要特征或主要事件；<br>⑤能安静地听老师或同伴讲述，并用眼睛注视讲述者 |
| | 听说游戏 | ①乐于参加游戏活动，在游戏中大胆地说话；<br>②发准某些难发的音，初步掌握方位词及人称代词，学习正确运用动词；<br>③在游戏中尝试按照规则运用简单句说话；<br>④养成在集体活动中倾听别人讲话的习惯，能听懂并理解较简单的语言游戏规则 |
| | 文学作品学习活动 | ①喜欢欣赏文学作品，愿意参加文学活动，对文学作品的语言感兴趣；<br>②能初步感受文学作品的语言，了解故事、诗歌和散文是不同体裁的文学作品；<br>③学习理解文学作品的情节内容或画面情节，能用语言、动作、表情等方式表达自己对文学作品的理解；<br>④在文学作品原有的基础上扩充想象，仿编诗歌、散文中的一句或续编故事结尾 |

续表

| 年龄段 | 分类 | 目标 |
|---|---|---|
| 小班 | 早期阅读活动 | ①喜欢阅读,知道阅读的基本方法,能初步看懂单幅儿童图画书的主要内容;<br>②能用口头语言讲述儿童图画书的主要内容,开始感受语言和其他符号的转换关系;<br>③对文字感兴趣,能在成人的启发下认读最简单的文字;<br>④在活动中以描画图形的方式练习基本笔画 |
| 中班 | 谈话活动 | ①能集中注意力,耐心地倾听别人谈话,不打断别人的话;<br>②乐意与同伴交流,能大方地在集体面前说话;<br>③能说普通话,较连贯地表达自己的意思;<br>④学会围绕一定的话题谈话,不跑题;<br>⑤学会用轮流的方式谈话,不抢话,不乱插嘴;<br>⑥继续学习交往语言,提高语言交往能力 |
| 中班 | 讲述活动 | ①养成先仔细观察,后表达的习惯;<br>②逐步学会理解图片和情境中展示的事件顺序;<br>③能主动地在众人面前讲述,声音响亮,句式完整;<br>④学习按照一定的顺序讲述实物、图片和情境的内容;<br>⑤能积极地倾听别人的讲述内容,善于发现异同,并从中学习好的讲述方法 |
| 中班 | 听说游戏 | ①在游戏中巩固练习发音,正确运用代词、方位词、副词、动词、连词和介词等;<br>②能说简单而完整的合成句;<br>③能听懂并理解多种游戏规则;<br>④学习较迅速地领悟游戏中的语言规则,并能及时做出相应的反应 |

续表

| 年龄段 | 分类 | 目标 |
|--------|------|------|
| 中班 | 文学作品学习活动 | ①喜欢不同形式的文学作品,主动积极地参加文学活动;<br>②了解文学作品语言与日常生活语言的不同,进一步感受文学作品的语言美;<br>③学习理解文学作品的人物形象,感受作品的情感基调,能运用较恰当的语言、动作、绘画形式表达自己的理解;<br>④能根据文学作品提供的线索,扩展想象,仿编或续编一个情节或一幅画面 |
| 中班 | 早期阅读活动 | ①能仔细观察图画书画面的人物情节、看懂单页多幅的儿童图画书的内容,增强预知故事情节发展和结局的能力;<br>②懂得爱护图书,知道图书的构成,有兴趣模仿制作图画书;<br>③在阅读过程中初步了解汉字的由来和简单的汉字认读规律,并有主动探索汉字的愿望;<br>④喜欢描画图形,尝试用有趣的方式练习汉字的基本笔画 |
| 大班 | 谈话活动 | ①能主动、积极、专注地倾听别人谈话,迅速掌握别人谈话的主要内容,并从中获取有用的信息;<br>②能主动地用普通话与同伴交流,态度自然大方;<br>③能围绕话题谈话,会用轮流的方式交谈,并用恰当的语言表达自己的情感,与同伴分享感受;<br>④逐步学会用修补的方法延续谈话,进一步提高语言交往水平 |

续表

| 年龄段 | 分类 | 目标 |
|---|---|---|
| 大班 | 讲述活动 | ①通过观察,理解图片、情境中蕴涵的主要人物关系和思想感情倾向;<br>②有重点地讲述实物、图片和情境,突出讲述的中心内容;<br>③在集体面前讲话态度自然大方,能根据场合的需要调节自己讲话的音量和语速;<br>④讲话时语言表达流畅,不停顿,用词、用句较为准确 |
| | 听说游戏 | ①在游戏中学习正确运用反义词、量词和连词等,并能说完整的合成句;<br>②养成积极倾听的习惯,迅速把握和理解游戏中较复杂的多重指令;<br>③不断提高倾听的精确程度,准确掌握和传递有细微差别的信息;<br>④游戏中按照规则迅速调动个人已有的语言经验编码,并进行迅速地语言表达 |
| | 文学作品学习活动 | ①乐意欣赏不同体裁、不同风格的文学作品,在文学活动中积累文学语言,并尝试在适当场合运用;<br>②在理解文学作品人物、情节或画面情境的基础上,学习理解作品的主题或感受作品的情感脉络;<br>③初步感知文学作品语言和结构的艺术表现特点,开始接触文学作品的艺术语言构成方式;<br>④依据文学作品提供的想象线索,联系个人已有经验扩展想象,并创造性地进行表述 |

续表

| 年龄段 | 分类 | 目标 |
|---|---|---|
| 大班 | 早期阅读活动 | ①能与同伴合作制作图画书,进一步了解图画书的构成;<br>②清楚图画书中的画面与文字的对应关系,开始有兴趣阅读图画书中简单的文字;<br>③积极学认常见的汉字,进一步了解汉字认读的规律,提高观察模拟的能力,并注意在生活中运用已获得的书面语言;<br>④掌握基本的书写姿势,在有趣的图形练习中做好写字的准备 |

3. 学前语言教育具体活动目标

学前语言教育的具体活动目标一般由教师自己制定,它是指在某一具体的教育活动中要达到的目的。

## 第三节 学前语言教育的内容

### 知识点1 专门的语言教育内容 【单选、简答】

| 形式 | 具体内容 |
|---|---|
| 谈话活动 | (1)围绕自己熟悉的人或事进行谈话;<br>(2)就某一熟悉的场景发表个人的观点和想法 |
| 讲述活动 | (1)用简单明了的语言,把某一实物的特征、功用解说清楚;<br>(2)用比较恰当的语言讲述图片或影片中的主要人物、事件;<br>(3)用生动形象的语言,讲述处在某一情境之中的人物的形态、动作 |
| 听说游戏 | (1)巩固难发的音和方言干扰音,练习声调和发声用气;<br>(2)扩展、丰富词汇量,练习词的用法,在游戏中尝试运用某些结构的句子,锻炼语感 |

续表

| 形式 | 具体内容 |
| --- | --- |
| 文学活动 | (1)在欣赏儿童诗歌、散文的基础上,仿照某一首诗歌或一篇散文的框架,编出自己的诗歌或散文段落;<br>(2)童话故事和生活故事的学习、表演或仿编和续编;<br>(3)文学作品表演一般是在幼儿欣赏理解作品的基础上,引导幼儿通过对话、动作、表情进行故事表演,体验作品的情节变化和人物情感的变化 |
| 早期阅读活动 | (1)前图书阅读经验<br>①翻阅图书的经验;②读懂图书内容的经验;③理解画面和文字与口语有对应关系的经验;④图书制作的经验等。<br>(2)前识字经验<br>①知道文字有具体的意义,可以念出声来,可以把文字和口语对应起来;②理解文字的功能;③粗晓文字的来源;④知道文字是一种符号,它与其他符号系统可以转换;⑤知道文字和语言的多样化;⑥了解文字的构成规律等。<br>(3)前书写经验<br>①认识汉字的独特书写风格,如能将汉字书写区别于其他的文字;②知道汉字的基本框架结构,如左右结构、上下结构等;③了解书写的最初步规则,学会按规则去写字;④知道书写汉字的工具,知道使用铅笔、钢笔、圆珠笔、毛笔书写时的不同要求;⑤学会用正确的书写姿势写字等 |

### 知识点2 渗透的语言教育内容

渗透的语言教育内容的核心是:促进儿童与教师、同伴之间的有效言语交流。

渗透的语言教育内容通常出现在以下几种情景之中。

情景 { 日常生活中的语言交往
自由游戏中的语言交往
其他领域活动中的语言交往
随机渗透在日常生活环节中的语言学习

## 第四节 学前语言教育的原则和方法

### 知识点1 学前语言教育的原则

(1)面向全体幼儿;

(2)发挥幼儿学习语言的主体性;

(3)以发展的眼光对待幼儿;

(4)加强语言教育与其他领域教育的联系。

> **学霸点睛**
>
> 在学前语言教育过程中,为了贯彻以发展的眼光对待幼儿的原则,首先,语言教育的目标要有挑战性。教师在日常生活中要通过观察了解每个幼儿语言发展的现状,并以此为依据,向幼儿提出具有挑战性的语言学习目标,促进幼儿的语言发展。其次,语言教育的过程中要允许幼儿犯错。对于幼儿在语言理解和运用上常会出现的类似偏差,教师应该以宽容理解的态度予以对待,不能指责或嘲笑幼儿。

### 知识点2 学前语言教育的方法 【单选】

| 方法 | 含义 |
| --- | --- |
| 示范模仿法 | 教师为幼儿提供语言学习的样板,通过教师自己或者语言发展较好的幼儿的示范,让幼儿在良好的语言环境中自然地模仿学习 |

续表

| 方法 | 含义 |
| --- | --- |
| 视、听、讲、做结合法 | "视"指教师为幼儿提供具体形象的讲述对象；<br>"听"指教师用语言描述、启发、引导、暗示等方式让幼儿充分地感知和领会；<br>"讲"指幼儿在感知理解的基础上，将自己的认识充分地表述出来；<br>"做"指教师为幼儿提供一定的想象空间，让幼儿在独立操作的过程中充分构思，组织起更加完整、连贯、富有创造性的语言进行表述 |
| 游戏法 | 教师将语言学习的内容经由有规则的游戏传递给幼儿，通过游戏训练幼儿正确发音，丰富幼儿词汇，巩固幼儿语言学习的重难点 |
| 表演法 | 教师指导幼儿通过对话、动作、表情等将文学作品中的内容表演出来，使幼儿的语言表现力在此过程中得到提升 |
| 练习法 | 教师有意识地让幼儿多次使用同一种言语要素或训练幼儿某方面言语技巧的方法 |

## 第五节 学前语言教育活动的设计与指导

### 知识点1 学前语言教育活动设计的原则 【单选】

（1）教育活动中经验的连续性原则；

（2）教育活动中主客体交互作用的原则；

（3）教育活动相互渗透的原则；

（4）活动内容和活动方式相适应的原则。

### 知识点2 学前语言教育活动设计与组织的步骤

（1）确定活动目标（语言教育活动设计中最重要的一环）；

（2）选择活动内容（一个完善的语言教育活动设计的核心）；

（3）策划活动流程；

（4）拟定活动方案。

## 知识点3　学前儿童文学作品学习活动的设计与指导

1. 基本特征和主要类型

| 基本特征 | 主要类型 |
| --- | --- |
| ①围绕文学作品开展的一个系列活动；<br>②发展的是儿童的完整语言；<br>③整合、渗透于其他教育活动中 | 学前儿童文学作品学习活动主要包括文学欣赏和文学创造两种类型 |

2. 设计步骤与指导要点

| 设计步骤 | 指导要点 |
| --- | --- |
| 初步感知文学作品 | ①主要让幼儿接触、认知、欣赏文学作品。<br>②教师应根据幼儿文学作品的不同体裁、不同风格及作品内容的难易程度，采用不同的方式组织教学 |
| 理解和体验文学作品 | 教师要进一步组织与作品内容认识有关的活动，帮助幼儿逐步深入理解和体验作品的主要内容、情节、人物特色，进而体验作品中人物形象的心理特点，以及作品的情感基调和作品的语言美、意境美 |
| 迁移文学作品经验 | 教师可以进一步组织一些与作品重点内容相关的活动，帮助幼儿将作品的间接经验与幼儿的直接经验联系起来 |
| 创造性想象和语言表述 | 教师通过开展创编、续编、仿编、谈话等活动，让幼儿扩展自己的想象，创造性地运用语言去表达自己的认识和想象 |

> **知识扩展**
>
> **儿童续编故事的年龄特点**
>
> 1. 小班：编结局
>
> 即儿童根据个人对故事语言、情节、人物、主题的理解，在故事即将结束时为故事想象编构一个结局。
>
> 2. 中班：编高潮和结局
>
> 即编"有趣情节"。教师在讲述故事时到高潮部分时戛然而止，提醒儿童想象可能编构的部分。

3. 大班：编完整故事

由于大班已经比较普遍地掌握了故事编构的情节开展方式，所以大班儿童可以编构完整故事，只要儿童编构的故事基本具有语言、情节、人物和主题等构成要素即可。

### 知识点4 学前儿童谈话活动的设计与指导

1. 基本特征和主要类型【单选、简答】

| 基本特征 | 主要类型 |
| --- | --- |
| ①谈话活动应拥有一个具体的、儿童感兴趣的中心话题；<br>②拥有较丰富的谈话素材；<br>③注重谈话的多方交流；<br>④谈话活动应拥有宽松自由的交谈语境与交流气氛；<br>⑤谈话活动中教师起间接引导的作用 | ①日常生活中的谈话；<br>②有计划的谈话活动；<br>③开放性的讨论活动 |

2. 设计步骤与指导要点

| 设计步骤 | 指导要点 |
| --- | --- |
| 创设谈话情境，引出谈话话题 | 教师需要营造出一个宽松自由的谈话氛围，创设生动、有趣的谈话情境 |
| 鼓励儿童围绕话题自由交谈 | ①教师应当放手让儿童围绕话题进行自由的交谈；<br>②鼓励每位儿童积极参与谈话，真正形成双向的或多向的交流；<br>③适当增加儿童做动作的机会；<br>④注意自由交谈中的个别差异 |
| 引导儿童围绕中心话题逐步拓展交谈内容 | 在儿童运用已有的知识经验充分地交谈后，教师要适时地将儿童集中起来，以提问或启发的方式帮助儿童学习新的谈话技能和谈话规则，掌握正确的谈话思路和方法 |
| 教师隐性示范新的谈话经验 | 在通过逐层深入拓展儿童谈话内容的基础上，教师可以通过隐性示范向儿童提供谈话范例，帮助儿童掌握新的谈话经验，使儿童的谈话水平进一步提高 |

> **学霸点睛**
>
> 谈话活动的主要目的是鼓励儿童大胆、自由地与他人交谈,自由地表达自己的观点和认识,谈话活动不要求儿童一定要使用正确的词汇、准确无误的句式、合乎情理的知识经验,完整连贯地表达,只要大多数儿童能主动积极地参与到谈话活动中来就已经达到谈话活动的目标了。

## 知识点5 学前儿童讲述活动的设计与指导

1. 基本特征和主要类型【单选、简答】

| 基本特征 | 主要类型 |
| --- | --- |
| ①拥有一定的凭借物;<br>②语言是独白语言;<br>③具有相对正式的语言情境;<br>④需要调动儿童的多种能力 | ①从内容来分,可分为叙事性讲述、描述性讲述、说明性讲述和议论性讲述。<br>②从对象的特点来分,可分为看图讲述、实物讲述和情景表演讲述 |

2. 设计步骤与指导要点

| 设计步骤 | 指导要点 |
| --- | --- |
| 感知、理解讲述对象 | 引导幼儿通过视觉、触觉、听觉等途径获取信息,感知、理解讲述对象 |
| 运用已有经验自由讲述 | ①幼儿自由讲述前,要交代清楚讲述的要求,提醒幼儿围绕感知、理解的对象进行讲述;<br>②幼儿在自由讲述的过程中,教师要倾听幼儿的讲述内容,及时发现幼儿讲述的"闪光点"以及存在的问题 |
| 引进并学习新的讲述经验 | 新的讲述经验是每次讲述活动的学习重点,主要包括讲述的思路(顺序性、条理性)、讲述的全面性(人物、地点、事件、结果)和讲述的方法(重点内容要多讲、按照顺序讲述) |

续表

| 设计步骤 | 指导要点 |
| --- | --- |
| 巩固和迁移新的讲述经验 | ①由A及B,教师提供同类不同内容的素材,让幼儿用讲述A的思路去讲述B。<br>②由A及A,让幼儿尝试用新的讲述方式来讲同一件事、同一情景。<br>③由A及$A_1$,教师可以在原讲述内容的基础上,提供一个扩展或延伸原内容的讲述机会 |

## 知识点6  学前儿童听说游戏活动的设计与指导

1. 基本特征和主要类型【单选、多选】

| 基本特征 | 主要类型 |
| --- | --- |
| ①在游戏中蕴含着语言教育目标;<br>②游戏规则即语言学习的重点内容;<br>③在活动过程中逐步扩大游戏的成分 | ①语音练习的游戏;<br>②词汇练习的游戏;<br>③句子和语法练习的游戏;<br>④描述练习的游戏 |

2. 设计步骤与指导要点

| 设计步骤 | 指导要点 |
| --- | --- |
| 创设游戏情境,引发儿童兴趣 | ①该环节的目的是创设游戏氛围,引发幼儿参与游戏的兴趣。<br>②可用物品、动作、语言创设游戏情境 |
| 阐述游戏规则,明确游戏玩法 | ①该环节的任务是向幼儿布置任务,讲解要求。<br>②可以通过讲解和示范相结合的方式,告诉幼儿游戏的规则、步骤、要求 |
| 教师指导儿童游戏 | ①教师在游戏中充当重要角色,组织游戏进程。<br>②幼儿参与游戏的方式:一种是分组参加游戏,实行轮换,以便另一部分幼儿有观察熟悉的机会;另一种是全体幼儿参加游戏的一部分活动,待幼儿熟悉掌握游戏后再参加整个游戏 |

续表

| 设计步骤 | 指导要点 |
| --- | --- |
| 儿童自主游戏 | ①在观察儿童游戏时,注意对个别不熟悉规则的儿童进行及时的指导点拨。<br>②发现儿童在游戏过程中可能出现的矛盾与纠纷,及时予以解决 |

## 知识点7 学前儿童早期阅读活动的设计与指导

**1. 基本特征和主要类型** 【单选】

| 基本特征 | 主要类型 |
| --- | --- |
| ①需要丰富的环境;<br>②与讲述活动紧密相连;<br>③应具有整合性的特点;<br>④需要图文并茂的阅读材料;<br>⑤具有鲜明的文化和语言背景 | ①根据组织形式,可分为儿童自由阅读和师幼共读;<br>②根据指导方式,可分为专门的阅读活动和以阅读为主的综合活动 |

> **知识拓展**
>
> 专门的阅读活动的分类
>
> (1)大图书阅读。教师根据幼儿的年龄特点、阅读教育的目标和内容自制大型图画故事书,并利用这种故事书帮助幼儿掌握按顺序观察画面,将前后画面联系起来的阅读方法。
>
> (2)小图书阅读。指同一内容的图书人手一册,幼儿进行独立阅读,教师指导幼儿逐步学会翻书的方法。
>
> (3)听赏活动。以听赏图画故事或其他文学作品为主要内容的活动。
>
> (4)排图活动。教师为每个幼儿提供一套打乱顺序的图片,幼儿在看懂图意的基础上,根据故事的内在逻辑将图片按顺序排列,并陈述排列的理由。

**2. 设计步骤与指导要点**

| 设计步骤 | 指导要点 |
| --- | --- |
| 阅读前准备 | ①阅读前准备性活动只是为正式阅读做好铺垫,不能代替正式的阅读活动;<br>②准备活动中教师指导的重点是幼儿的阅读方法是否正确,阅读习惯是否良好,而对幼儿阅读讲述的内容是否准确不予过多干涉;<br>③对幼儿理解不正确的地方,教师可以给予提示 |
| 幼儿自由阅读 | ①教师在指导时要用提问方式引导幼儿的思路,使他们能带着问题边思考边阅读;<br>②教师要向幼儿提出观察的要求,并进行操作、表演,还要注意观察幼儿在阅读中的表现,如阅读速度、阅读方法、阅读态度等 |
| 师幼共同阅读 | 教师可用提问的方法与幼儿一起阅读图书,了解和理解图书的大致内容 |
| 围绕阅读重点开展活动 | 教师一定要在前面几个环节观察了解幼儿实际困难的基础上,结合图书的主要难点对幼儿进行必要的指导,使幼儿能将图书的细节与内容相结合,从而深入地理解图书的主要内容 |
| 归纳阅读内容 | ①一句话归纳法:用一句话归纳图书的主要内容。<br>②一段话归纳法:用一段完整的话讲述故事的主要内容。<br>③图书命名法:不出示图书的题目,让幼儿用简练的词或短语给图书起个名字 |

## 第六节　学前语言教育活动的评价

| | | |
|---|---|---|
| 对幼儿的评价 | 对目标达成的评价 | ①分析认知目标的达成情况；<br>②分析情感目标的达成情况；<br>③分析能力目标的达成情况 |
| | 对幼儿参与活动程度的评价 | 理想的等级是主动积极地参与，处于中间的是一般参与，最不理想的是未参与 |
| 对活动本身的评价 | 目标的评价 | ①是否以学前语言教育的总目标和年龄阶段目标为依据；<br>②是否从本班儿童的实际情况出发，提出恰当的教育要求；<br>③在目标中是否包含了认知、情感、能力等三个方面的内容；<br>④整个活动的设计与组织是否围绕教育目标而进行 |
| | 内容的评价 | ①内容的选择与目标的要求是否相一致；<br>②活动内容是否符合科学性和思想性；<br>③内容的分量是否适当，有无过多或过少的情况；<br>④内容的组织是否分清了主次、突出了重点，是否抓住了关键内容；<br>⑤内容的布局是否合理，各要点之间的衔接是否自然流畅；<br>⑥与儿童的发展状况是否适合 |

续表

| | | |
|---|---|---|
| 对活动本身的评价 | 方法的评价 | ①方法的运用是否刻板划一；<br>②方法的选择与运用是否随着活动目标、活动内容及儿童实际而变化；<br>③各种具体活动的方法与儿童学习方式的适合情况如何；<br>④有没有采用有效的方式保障儿童积极参与教育活动 |
| | 组织形式的评价 | ①在活动展开过程中，是否适当地进行了集体活动——分组活动——个别活动的组合与变换；<br>②是否只是局限于采用一种特定的活动形式；<br>③在活动的组织过程中，有没有考虑到因材施教的问题；<br>④在分组时，是否考虑到人际关系以及儿童的情感因素 |
| | 环境材料的评价 | ①是否选择了适合活动内容和儿童实际的环境材料；<br>②利用这些环境材料是否适合教育活动的展开；<br>③选择的材料、学具等是否适合儿童的操作；<br>④教具和学具是否做出若干组合；<br>⑤是否最大限度地利用了环境、材料、教具和学具所具有的功能 |

续表

| | | |
|---|---|---|
| 对活动本身的评价 | 师幼互动评价 | ①是否正确发挥了教师的主导作用；<br>②是否创造条件使儿童成为活动的主体；<br>③教师与儿童在活动过程中的交往是否和谐融洽,是否积极主动地相互交往；<br>④儿童的注意力、兴趣、情绪、意志、性格等非智力因素是否得到充分的激发 |

## 要点回顾

1. 学前儿童语言学习的特点。
2. 学前语言教育的途径。
3. 专门的语言教育内容。
4. 学前语言教育的方法。
5. 学前语言教育活动设计的原则。
6. 学前儿童谈话活动的基本特征。
7. 学前儿童谈话活动的主要类型。
8. 学前儿童讲述活动的基本特征。
9. 学前儿童讲述活动的主要类型。
10. 学前儿童听说游戏活动的主要类型。
11. 学前儿童早期阅读活动的主要类型。

# 第四章 学前社会领域

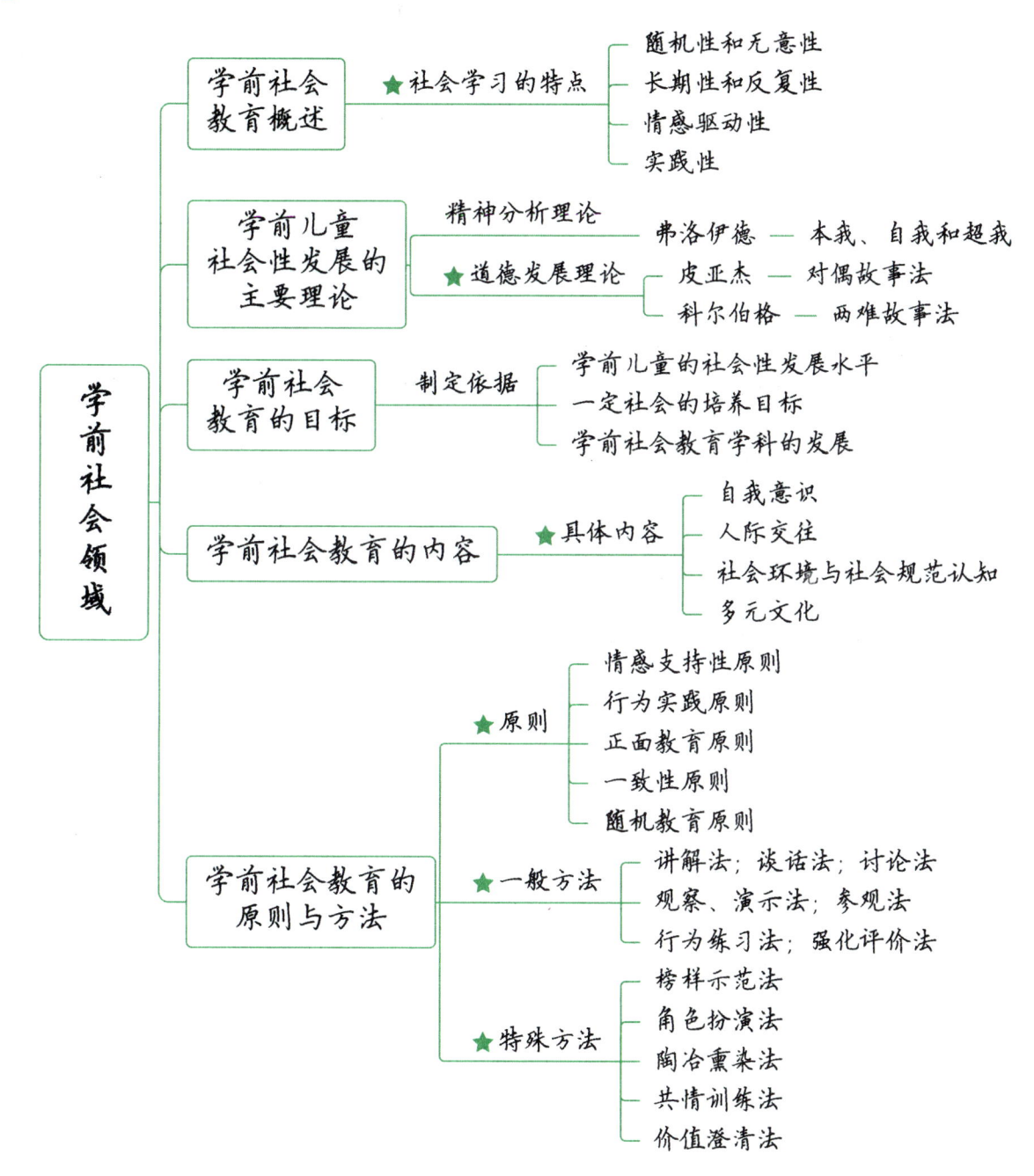

## 思维导图

- 学前社会领域
  - 学前社会教育概述
    - ★社会学习的特点
      - 随机性和无意性
      - 长期性和反复性
      - 情感驱动性
      - 实践性
  - 学前儿童社会性发展的主要理论
    - 精神分析理论——弗洛伊德——本我、自我和超我
    - ★道德发展理论
      - 皮亚杰——对偶故事法
      - 科尔伯格——两难故事法
  - 学前社会教育的目标
    - 制定依据
      - 学前儿童的社会性发展水平
      - 一定社会的培养目标
      - 学前社会教育学科的发展
  - 学前社会教育的内容
    - ★具体内容
      - 自我意识
      - 人际交往
      - 社会环境与社会规范认知
      - 多元文化
  - 学前社会教育的原则与方法
    - ★原则
      - 情感支持性原则
      - 行为实践原则
      - 正面教育原则
      - 一致性原则
      - 随机教育原则
    - ★一般方法
      - 讲解法；谈话法；讨论法
      - 观察、演示法；参观法
      - 行为练习法；强化评价法
    - ★特殊方法
      - 榜样示范法
      - 角色扮演法
      - 陶冶熏染法
      - 共情训练法
      - 价值澄清法

```
                                                    ┌─ 自我认识教育活动
                                    ┌─ 自我意识 ────┼─ 自我体验教育活动
                                    │               └─ 自我控制教育活动
                                    │               ┌─ 创设人际交往情境
                                    ├─ 人际交往 ────┼─ 学习人际交往技巧
                                    │               └─ 运用人际交往技巧
                                    │                   ┌─ 引出活动主题
                    ┌─ 学前社会教育活动的 ─┤ 社会环境    │─ 充分观察认识对象
                    │   设计与指导       ├─ 与社会 ────┤─ 表达、表现自己的
                    │                   │   规范认知   │   认知体验
学前                │                   │             └─ 正确认知社会环境
社会 ──┤            │                   │                和社会规范
领域                │                   │               ┌─ 创设情境，引出活动
                    │                   └─ 多元文化 ────┼─ 感知和体验各种社会文化
                    │                                   └─ 组织实践活动
                    │                   ┌─ 内容 ── 评价活动的目标、内容、准备、
                    │                   │          过程、效果等
                    │                   │           ┌─ 自然观察法
                    └─ 学前社会教育 ────┤           ├─ 谈话法
                        活动的评价      └─ ★方法 ──┼─ 问卷调查法
                                                    ├─ 情境测验法
                                                    └─ 社会测量法
```

**知识梳理**

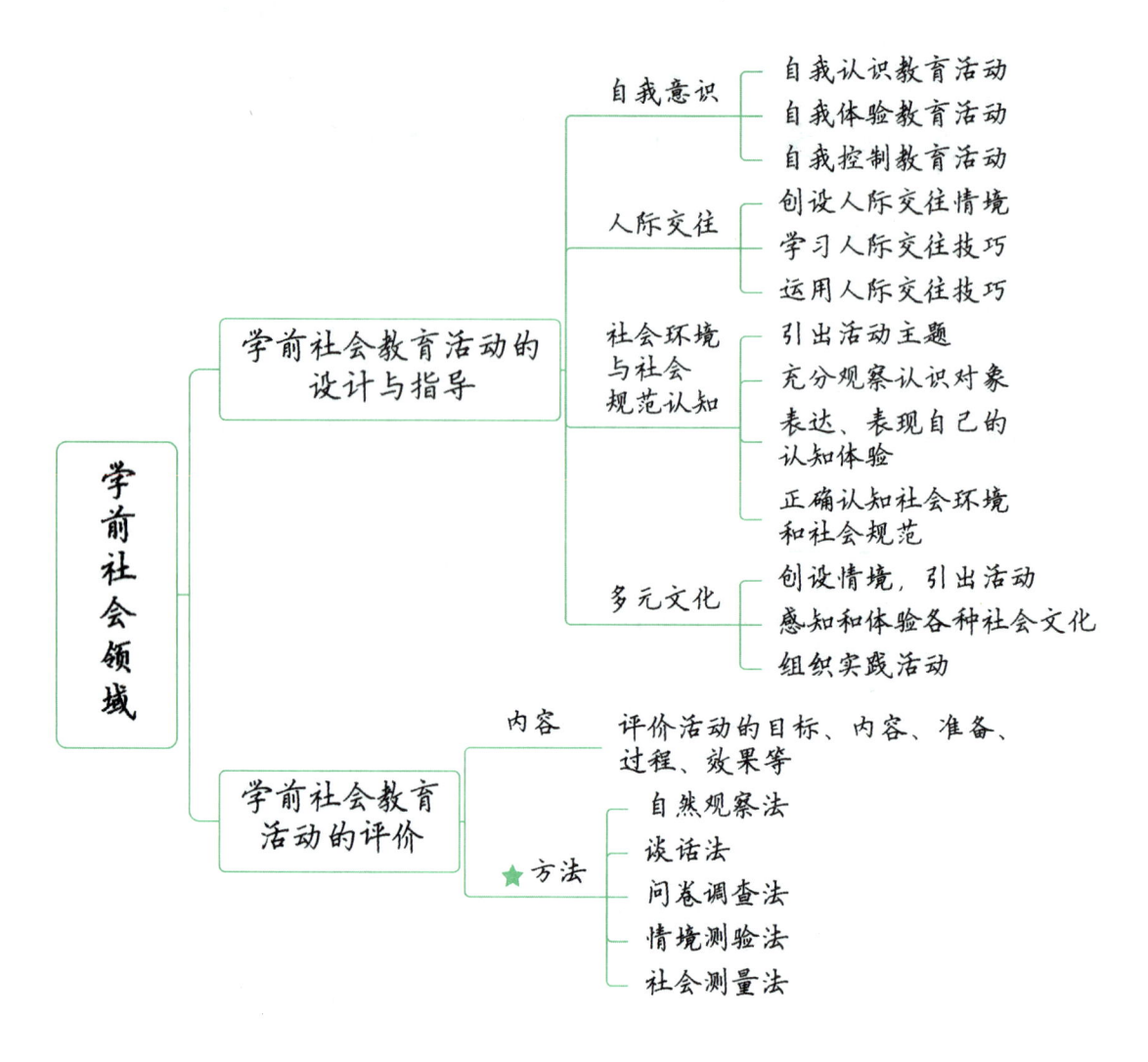

# 第一节　学前社会教育概述

| 学前儿童社会学习的特点 | 学前社会教育的途径 | 学前社会教育的意义 |
| --- | --- | --- |
| ①随机性和无意性；<br>②长期性和反复性；<br>③情感驱动性；<br>④实践性 | ①专门性教育活动；<br>②渗透性教育活动；<br>③契机性教育活动；<br>④游戏活动 | ①有助于幼儿心智的发展；<br>②有助于幼儿自我发展能力的提高；<br>③有助于加快幼儿社会化的进程；<br>④有助于幼儿良好品格的形成 |

## 第二节 学前儿童社会性发展的主要理论

### 知识点1 精神分析理论

1. 弗洛伊德心理性欲理论

弗洛伊德认为人格有三个层次：本我、自我和超我。本我处于潜意识层面，按快乐原则行事；自我处在意识层面，按现实原则行事；超我是意识层面中的道德部分，体现在根据情境对自我进行约束。新生儿人格结构中的唯一成分是本我（伊底）。

2. 埃里克森心理社会化发展理论

美国精神分析学家埃里克森认为，人格发展是一个逐渐形成的过程，必须经历八个顺序不变的阶段，其中前五个阶段属于儿童成长和接受教育的时期。

| 阶段 | 年龄 | 冲突 | 获得的人格 |
| --- | --- | --- | --- |
| 第一阶段 | 0~1岁 | 基本的信任感对基本的不信任感 | 信任感 |
| 第二阶段 | 1~3岁 | 自主感对羞耻感 | 自主性 |
| 第三阶段 | 3~6岁 | 主动感对内疚感 | 主动性 |
| 第四阶段 | 6~11岁 | 勤奋感对自卑感 | 勤奋感 |
| 第五阶段 | 12~18岁 | 自我同一性对角色混乱 | 自我同一性 |

### 知识点2 社会学习理论

社会学习理论的主要代表人物是班杜拉。班杜拉认为，个体社会性起源于以偶然强化为中介的直接学习和模仿。儿童的社会行为，不是性本能发展的产物，而是直接学习、模仿和强化的结果。

1. 直接学习

班杜拉认为，对于个体社会行为的掌握而言，与模仿相比，直接学习是一种更基本的途径。在直接学习中，儿童的某种行为所产生积极的或消极的结果直接决定着儿童是否重复这些行为。

## 2. 模仿

班杜拉认为，模仿在儿童行为的习得中是一种更重要的途径或机制。因为人类社会的一些行为是无法直接学习的，必须依靠模仿。在社会学习理论中，模仿作为儿童掌握社会行为的一种主要机制或途径，则是一个复杂的过程，它是由四个子过程组成，即注意过程、保持过程、动作表征过程、动机过程。

## 3. 强化

强化分为直接强化和替代性强化。直接强化是儿童自己行为所产生的结果对该行为以后重复发生的可能性的影响。在直接学习中，儿童行为的结果构成了对该行为的直接强化；替代性强化则是指榜样行为的结果对学习者的学习所起的强化作用。

### 知识点3　道德发展理论

**1. 皮亚杰的道德认知发展理论　【单选】**

皮亚杰运用对偶故事法对儿童的道德发展进行研究，把儿童的道德发展划分为四个阶段。

| 阶段 | 年龄范围 | 阶段特征 |
| --- | --- | --- |
| 自我中心阶段（前道德阶段） | 2~5岁 | 规则对于该阶段的儿童来说，还不具有约束力 |
| 权威阶段（他律道德阶段或道德实在论阶段） | 6~8岁 | ①儿童认为规则是不变的，不理解规则是由人创造的；②评定是非时，总是抱极端的态度，非好即坏，非善即恶；③判断行为好坏的根据是后果的严重性，而不看主观动机；④把惩罚看作天意和报应，而不是把惩罚看作改变人的行为的一种手段 |

续表

| 阶段 | 年龄范围 | 阶段特征 |
|---|---|---|
| 可逆性阶段（自律或合作道德阶段） | 9~10岁 | 儿童认为,如果所有的人都同意的话,规则是可以改变的 |
| 公正阶段 | 11~12岁 | 儿童不再刻板地按固定的规则去判断,在依据规则判断时应该考虑到同伴的一些具体情况,从关心和同情出发去进行判断 |

2.科尔伯格的理论

科尔伯格在皮亚杰理论的基础上,运用两难故事法对儿童的道德发展进行研究,最终将儿童的道德发展分为三个水平和六个阶段。

前习俗水平 { 服从与惩罚的道德定向阶段(受赞扬的行为是好的,受惩罚的行为是坏的)
相对功利的道德定向阶段(符合自己需要的行为就是正确的)

习俗水平 { 好孩子的道德定向阶段(考虑到社会对一个"好孩子"的期望和要求)
维护权威或秩序的道德定向阶段(以法制观念判断是非、知法守法)

后习俗水平 { 社会契约的道德定向阶段(法律或规范由大家商定,可以改变)
普遍原则的道德定向阶段(以普遍的标准来判断人们的行为)

### 知识扩展

#### 学前儿童道德的发展

| 特点 | ①具体性;②他律性;③模仿性;④情绪性 |
|---|---|
| 影响因素 | ①认知能力;②家庭及其父母;③游戏及其活动;④同伴及其交往;⑤社会榜样;⑥教师及其环境 |

# 第三节　学前社会教育的目标

## 知识点1　学前社会教育目标制定的依据

制定依据 { 学前儿童的社会性发展水平；一定社会的培养目标；学前社会教育学科的发展

## 知识点2　学前社会教育目标的结构

1. 学前社会教育目标的层次结构

（1）学前社会教育总目标

①能主动地参与各项活动，有自信心；

②乐意与人交往，学习互助、合作和分享，有同情心；

③理解并遵守日常生活中基本的社会行为规则；

④能努力做好力所能及的事，不怕困难，有初步的责任感；

⑤爱父母长辈、老师和同伴，爱集体、爱家乡、爱祖国。

（2）学前社会教育年龄阶段目标

| 年龄段 | 目标 |
| --- | --- |
| 小班 | ①引导儿童初步了解自己身体主要部位的特征和功能，初步懂得自我保护；<br>②引导儿童知道自己是幼儿园的小朋友，初步萌发儿童的独立性和最基本的自我控制能力；<br>③引导儿童逐步熟悉集体生活环境，认识集体中的同伴与成人，初步了解他们与自己的关系，使儿童初步适应集体生活；<br>④引导儿童保持愉快的情绪，不爱哭、不怕生，愿意与他人交往，鼓励儿童积极参与集体生活；<br>⑤引导儿童初步掌握日常生活中常用的礼貌用语，使儿童能初步有礼貌地同他人交往，见了老师和长辈会问好； |

续表

| 年龄段 | 目标 |
|---|---|
| 小班 | ⑥引导儿童初步了解和掌握基本的卫生要求，养成初步的卫生习惯；<br>⑦引导儿童初步懂得主要的交通安全常识；<br>⑧培养儿童初步的学习习惯，引导儿童遵守最基本的学习活动规则；<br>⑨激发儿童从事简单的自我服务劳动的兴趣，引导儿童初步了解父母和老师的劳动；<br>⑩教育儿童初步懂得不提无理要求、不无故发脾气；<br>⑪引导儿童与同伴共同活动，不争夺或独占玩具 |
| 中班 | ①引导儿童能初步认识自己与他人的异同；<br>②引导儿童能初步了解自己与他人的情绪，初步懂得同情和关心他人；<br>③萌发儿童最基本的自我控制能力，引导儿童初步懂得不损害同伴；<br>④引导儿童初步了解周围主要的社会机构、设施，初步知道它们与人们生活的关系，萌发儿童最初的爱家乡的情感；<br>⑤引导儿童初步了解重大的节日，并使儿童感受节日的快乐；<br>⑥初步激发儿童与他人交往的愿望，引导儿童在与同伴及成人的交往中，能初步准确地使用礼貌用语；<br>⑦引导儿童初步懂得与他人合作，初步懂得分享和谦让；<br>⑧引导儿童了解周围成人的劳动，鼓励儿童学做一些力所能及的事，初步养成爱劳动、珍惜劳动成果的习惯；<br>⑨鼓励儿童大胆表达自己的见解，使儿童初步能克服困难，完成任务，鼓励儿童能有始有终地做一件事；<br>⑩引导儿童初步学会评价自己与同伴，引导儿童初步能承认错误，改正缺点；<br>⑪引导儿童初步养成诚实、守纪律等良好的品德行为；<br>⑫引导儿童初步感受民间艺术及我国的传统文化精品 |

续表

| 年龄段 | 目标 |
| --- | --- |
| 大班 | ①引导儿童初步了解自己的成长及成人为此付出的劳动,激发儿童爱父母和老师及其他长辈的情感;<br>②引导儿童初步学会控制自己的情绪和行为,初步学会紧急情况下的应变办法;<br>③引导儿童了解自己所在的集体,初步懂得应做对集体有益的事,培养儿童初步的集体荣誉感和责任感;<br>④引导儿童主动、准确地使用礼貌用语,能以恰当的方式与他人交往,和同伴友好相处;<br>⑤引导儿童主动照顾、关心小班和中班的小朋友;<br>⑥引导儿童了解周围的社会生活,让儿童初步了解社会机构、社会成员和他们的劳动及其与人们生活的关系,萌发儿童尊敬、热爱劳动者的情感;<br>⑦引导儿童初步了解我国的民族及丰富的物产,萌发爱祖国的情感;<br>⑧引导儿童初步了解国家间的友好往来,萌发爱好和平的情感;<br>⑨引导儿童初步学会分辨是非,初步懂得应向好的榜样学习,萌发初步的爱憎感;<br>⑩使儿童初步能遵守各项规章制度,初步会以规章制度对照自己与他人的行为;<br>⑪引导儿童喜欢从事力所能及的劳动,初步懂得爱惜劳动成果,爱惜公物;<br>⑫引导儿童初步感知家乡的自然和人文景观,初步了解我国主要的自然人文景观、萌发对民族文化的喜爱及保护自然社会环境的初步意识;<br>⑬引导儿童初步感知世界著名的人文景观及优秀艺术精品,萌发对世界文化的兴趣 |

（3）学前社会教育活动目标

学前社会教育活动目标是总目标和年龄阶段目标的具体化，是教师通过一定的方法和途径可以直接实现的目标。教育活动目标一般由教师自己制定，其最为主要的特点是可操作性强，可以通过具体的教和学的行为，通过师幼及其与环境的相互作用得以实现。

2.学前社会教育目标的分类结构

| 类别 | 目标 |
| --- | --- |
| 自我意识 | ①引导儿童初步了解有关自己成长的最基本的知识；<br>②初步培养儿童的自信心、自尊心及独立性，以及最基本的自我控制和应变能力；<br>③引导儿童正确认识自己，能够进行准确的自我评价；<br>④学会用恰当的方法表达自己的爱好、需求、情绪和情感 |
| 人际交往 | ①愿意与他人共同游戏、活动并友好相处；<br>②善于与人交往，懂得问候、交谈、与人合作及参与活动的技巧，掌握几种交往策略；<br>③能主动帮助弱小同伴，乐于帮助有困难的小朋友、老人和残疾人，经常自愿地与他人分享玩具、食物等；<br>④鼓励儿童主动地参与各项活动，培养诚实、勇敢、守纪等基本品质，培养儿童开朗的性格；<br>⑤引导儿童初步了解自己所在的集体，使儿童逐步适应并喜欢集体生活，初步产生对集体的关心喜欢之情 |
| 社会环境与社会规范认知 | ①知道自己的成长与家人的关系，感激父母长辈的辛勤养育之恩；<br>②初步了解家庭、幼儿园，认识周围不同职业人们的劳动及其与自己生活的关系，尊重他们的劳动，产生初步的热爱劳动的情感； |

续表

| 类别 | 目标 |
| --- | --- |
| 社会环境与社会规范认知 | ③引导儿童初步了解并逐步掌握基本的交通规则、学习活动规则、生活规则等;<br>④引导儿童初步了解并掌握基本的公共卫生规则,树立环境保护意识;<br>⑤逐步懂得正确与错误之分,激发儿童初步的是非感、爱憎感 |
| 多元文化 | ①初步感受具有代表性的社区文化;<br>②初步了解祖国传统的民俗节日、人文景观、少数民族和文化精品等,对祖国的传统文化感兴趣;<br>③初步感受世界著名的人文景观及优秀的艺术作品,对世界文化感兴趣;<br>④初步了解世界是由许多国家和民族组成的,萌发热爱和平的情感;<br>⑤愿意接触或了解不同国家、不同种族的外国人,感受他们的风俗习惯 |

# 第四节　学前社会教育的内容

## 知识点1　学前社会教育的具体内容　【单选】

| 类别 | 具体内容 |
| --- | --- |
| 自我意识 | ①帮助儿童认识和接纳自己,增进儿童的自我价值感和自信心;<br>②帮助儿童学习认识、理解和适当地表达自己的情绪,控制自己的行为;<br>③帮助儿童学习自由选择、自我决断,培养其独立性、自主性和自己对自己的行为负责的意识;<br>④支持、鼓励儿童大胆地表达自己的意见、想法和态度;<br>⑤帮助儿童主动地参与各项活动,体验与同伴交往的快乐;<br>⑥帮助儿童努力做好力所能及的事,不怕困难,有初步的责任感 |
| 人际交往 | ①培养儿童乐意与人交往,学习互助、合作和分享,有同情心;<br>②培养儿童关心、理解、尊重和赞赏他人,学习并掌握基本的交往技能;<br>③帮助儿童学习协调自己与他人的兴趣和想法,学会与人友好相处 |
| 社会环境与社会规范认知 | ①社会环境的认知。<br>②道德规范与行为准则的认知。<br>③观点采择能力的发展。区分自己与他人的观点,并进而根据当前或过去的有关信息对他人的观点做出准确推导的能力。<br>④理解人与环境之间相互依存的关系,形成爱护、保护环境的意识,逐渐萌发社会小公民的意识 |
| 多元文化 | ①民族文化;②世界文化 |

## 知识点2　学前社会教育内容选择的原则　【单选】

选择原则
- 生活性与适宜性
- 全面性与基础性
- 时代性与民族性

# 第五节　学前社会教育的原则与方法

## 知识点1　学前社会教育的原则　【单选、多选、判断】

原则
- 情感支持性（以积极的社会性情感感染、激发幼儿的社会性情感）
- 行为实践（为幼儿提供大量实践的机会，并对其行为实践进行指导）
- 正面教育（直接告诉幼儿应该掌握的社会行为规范，慎用批评、惩罚等消极手段）
- 一致性（尽力为幼儿的社会学习营造一个连续与统一的影响环境）
- 随机教育（随时随地抓住一定的时间或时机对幼儿进行即时教育）

## 知识点2　学前社会教育的一般方法　【单选、简答】

| 教育方法 | 概念 | 应注意的问题 |
| --- | --- | --- |
| 讲解法 | 教师以口头言语对社会教育内容进行系统和生动的解释，以使儿童较系统地理解社会教育的内容和意义，掌握正确的行为准则和方法，也便于指导其行为 | ①讲解的实用性；<br>②讲解的直观形象性；<br>③讲解的方式多样化 |

续表

| 教育方法 | 概念 | 应注意的问题 |
| --- | --- | --- |
| 谈话法 | 通过师幼对话的方式对儿童进行教育的一种方法 | ①在儿童社会教育的重点核心内容处采用谈话法；②谈话的问题是儿童熟知的；③教师要向全班的儿童提出问题；④教师提出的问题应具体、明确、难易适度；⑤问题提出后应留给儿童一定的思考时间；⑥谈话最后，教师应用准确的语言进行总结 |
| 讨论法 | 儿童在教师的指导下就社会性问题、现象互相启发、交换看法以获取知识 | ①选好讨论的主题；②要根据儿童年龄阶段进行讨论；③教师要引导讨论，不要当裁判、阻碍讨论；④做好讨论的结束工作 |
| 观察、演示法 | 教师依据社会教育目标，向儿童出示实物、图片等，使儿童通过观察获得相应的社会知识、情感及行为 | ①不能为演示而演示，也不能单纯为引起儿童兴趣而演示；②使儿童的感知与观察结合，而不只是停留在感知观察上；③教具的运用要适当，避免儿童注意力的分散 |
| 参观法 | 让儿童在对实际事物或现象的观察、思考中获得新的社会知识和社会规范 | ①参观前要充分做好准备工作；②参观中要指导，注意儿童的安全；③参观后要做好总结、巩固工作 |

续表

| 教育方法 | 概念 | 应注意的问题 |
|---|---|---|
| 行为练习法 | 通过参加各种活动和交往受到实际锻炼，以形成儿童良好的社会行为习惯 | ①要明确行为练习的目的和要求，要有严密的组织工作；②要充分尊重和发挥学生的主动性和积极性；③要循序渐进练习；④要反复进行，做到持之以恒 |
| 强化评价法 | 通过对学前儿童社会行为的评价对儿童进行社会教育的方法 | ①强化要及时；②强化要恰如其分；③以表扬、奖励为主；④严禁体罚、恐吓、辱骂或变相体罚 |

### 知识点3　学前社会教育的特殊方法【单选、判断】

1. 榜样示范法

（1）榜样示范法的概念

教师用他人的好思想、好行动和英雄事迹去影响和教育儿童，形成良好社会品质的方法。

（2）榜样示范法的类型

对儿童影响较大的榜样有以下三种：

①伟人和英雄模范人物；

②教师本人；

③同伴。

2. 角色扮演法

（1）角色扮演法的概念

个人试着设身处地地去扮演另一个在实际生活情景中不属于自己角色的行动过程，从而形成角色所需要的某些经验和行为习惯。

（2）运用角色扮演法时应注意的问题

应注意的问题
- 让儿童承担的角色必须为儿童所认知和理解
- 角色扮演要有针对性
- 教师只能指导活动，不应经常去分配和导演角色
- 以扮演正面角色为主，切忌固定地让几个儿童经常扮演反面角色
- 教育者尽量与儿童平等地去扮演角色
- 情节要简单，内容要短小、活泼，对话、动作要多，适于表演

3. 陶冶熏染法

| 分类 | 概念 | 应注意的问题 |
| --- | --- | --- |
| 环境熏陶法 | 利用环境条件、生活氛围和教师本身的言行举止，对幼儿进行积极感化、熏陶，潜移默化地影响幼儿社会态度和行为 | ①幼儿园需要全园合作，步调一致地为幼儿创设良好的环境；②要尽可能让环境说话，避免过多的言语说教；③让幼儿参与环境创设；④教师应主动和幼儿聊天，认真倾听幼儿的想法并做出回应 |
| 艺术感染法 | 利用音乐、绘画等艺术形式的感染力，渗透幼儿心灵，淡化说教，淡化教育的痕迹，而着重心灵的感染和熏陶，激发幼儿的情感，并使之化作行动 | ①不应该单纯利用美育来影响儿童，要结合幼儿的特点来培养；②应充分挖掘生活资源，引导儿童在情境中学习；③熏陶渐染，培养幼儿的审美情趣；④循序渐进，提升幼儿的审美素养 |

4. 共情训练法

（1）共情训练法的概念

通过一些形式让学前儿童去理解和分享他人的情绪体验，以使学前儿童

在以后的生活中对他人的类似情绪能主动、习惯性地自然理解和分享的方法。

(2) 运用共情训练法时应注意的问题

应注意的问题
- 提供的情境必须是学前儿童所熟悉并看得懂的
- 充分利用学前儿童已有的体验,唤起学前儿童对情境的理解与情感共鸣
- 注重学前儿童表现共情
- 教师应与学前儿童一起真正投入情感,不能成为旁观者

5. 价值澄清法

价值澄清法是美国心理学家、教育学家路易斯·拉斯教授在对传统的价值观教学法进行研究分析的基础上,提出的一种新的价值观教育法。在其具体运用中,它包含以下四种具体的教育方法。

| 教育方法 | 概念 |
| --- | --- |
| 澄清应答法 | 教师通过与儿童的交谈引起儿童的思考,在相互的交流中不知不觉地让儿童进行内省、进行价值评价的方法 |
| 价值表决法 | 教师事先拟定一系列儿童关心的问题,让全体儿童一起来表达自己意见的一种方法 |
| 价值排队法 | 让儿童以三四种事物为对象,根据自己认为的重要性为它们排名次,并说明这样排的原因的一种方法 |
| 展示自我法 | 教师或家长给儿童创造条件和提供自由发言的机会,让孩子们把与自己有关的事情讲出来给大伙听的一种方法 |

**学霸点睛**

澄清应答法是价值澄清中最基本、最灵活的方法。在使用澄清应答法的过程中,教师应注意,不是儿童的一言一行都应进行澄清应答,只有当儿童在待人接物的态度、抱负、目的、兴趣及对社会现象的评说产生疑惑或冲突时才用此法,目的是指示儿童价值观的方向。

# 第六节  学前社会教育活动的设计与指导

## 知识点1  学前儿童自我意识教育活动的设计步骤与指导要点

学前儿童的自我意识教育活动包括自我认识活动、自我体验活动和自我控制活动。

1. 学前儿童自我认识教育活动的设计步骤与指导要点

| 设计步骤 | 指导要点 |
| --- | --- |
| 引发认识，导入课题 | ①该环节的目的是引导幼儿关注自我和他人的不同。<br>②该环节的重点在于激发幼儿认知的兴趣，产生探究的冲动。<br>③可以组织"猜猜他是谁"的活动，即教师描述某个幼儿的相貌特征，请其他幼儿猜，让每个幼儿感受每个人独特的地方；也可以通过直观的方法让幼儿关注自我 |
| 讨论交流，实践体验 | ①可以创设幼儿相互交流、分享的机会，让幼儿表达自己的感受和想法。<br>②可以为幼儿提供多种实践操作的机会，让其在实践活动中提高认识自己的能力。<br>③可以为幼儿提供模仿的榜样，让幼儿通过直接学习进行行为练习，建立良好的自我意识 |
| 经验积累，行为建立 | 通过各种形式的活动帮助幼儿积累丰富的实践经验，完成认知的迁移和良好社会性行为的落实 |

2. 学前儿童自我体验教育活动的设计步骤与指导要点

| 设计步骤 | 指导要点 |
| --- | --- |
| 创设情境，体验情绪 | ①该环节主要是创设一定的情境，调动幼儿视、听觉的融入，让其产生共情。<br>②可通过讲故事、木偶表演、情境导入等方法，让幼儿把自己的感受引申到情境角色上，在亲历过程中感受某种愉悦或痛苦的体验 |

续表

| 设计步骤 | 指导要点 |
| --- | --- |
| 实践尝试，讨论表达 | ①通过观察图片、戏剧表演、角色游戏等活动形式，让幼儿表达自己的感受和情绪。<br>②在体验基础上，引导幼儿讨论、表达，达成共识 |
| 教师小结 | 帮助幼儿提升对自我情绪的识别、表达和调控的能力 |

3. 学前儿童自我控制教育活动的设计步骤与指导要点

| 设计步骤 | 指导要点 |
| --- | --- |
| 情境体验 | 运用任务交代、真实场景、游戏活动、操作实践等活动，让幼儿直接感受、体验真实情境中自我控制的具体操作方法 |
| 移情训练 | 通过观看图片、视频，欣赏文学作品，帮助幼儿理解他人，认识到自我控制的重要性和方法 |
| 讨论表达 | ①引导幼儿结合经验阐述自我控制的方法。<br>②用符号、文字等多种形式记录幼儿的表达，或鼓励幼儿以小组为单位进行记录，相互评价 |
| 小结提升 | 对幼儿自我控制的经验、方法进行梳理和小结 |

## 知识点2  学前儿童人际交往教育活动的设计步骤与指导要点

| 设计步骤 | 指导要点 |
| --- | --- |
| 创设人际交往情境 | ①通过情境的创设，如朗诵诗歌、观看动画片、看图片做游戏等，引发幼儿参与活动的兴趣。<br>②通过创设人际交往情境，让幼儿在轻松、友好、快乐的交往氛围中积极交往 |
| 学习人际交往技巧 | ①使用直接呈现法，直接教给幼儿人际交往的技巧，并让幼儿感受到这种交往技巧能够给人带来快乐。<br>②使用间接呈现法，通过呈现一些反面事例，让幼儿讨论，逐步引出人际交往技巧 |

续表

| 设计步骤 | 指导要点 |
| --- | --- |
| 运用人际交往技巧 | ①本环节为核心环节,主要目的是结合具体情境指导幼儿学习交往的基本规则和技能,帮助幼儿掌握所学到的人际交往技巧的使用场合和对象。<br>②可以采用角色扮演法,设计一些需要运用技巧的交往情境,让幼儿分组或集体表演。<br>③可以采用讨论法,利用相关的故事,让幼儿结合自己的交往经验,讨论什么样的行为受欢迎,如何得到别人的接纳等 |

### 知识点3  学前儿童社会环境与社会规范认知教育活动的设计步骤与指导要点

| 设计步骤 | 指导要点 |
| --- | --- |
| 引出活动主题 | 采用多种方式,如唱儿歌、情境表演、直接告知等方式引出活动主题,激起幼儿对活动主题的好奇心和参与活动的积极性 |
| 充分观察认识对象 | 主要目的是使幼儿对社会环境和社会规范进行初步的感知 |
| 表达、表现自己的认知体验 | 组织幼儿对话交流,加深幼儿对新的认知对象的认识 |
| 正确认知社会环境和社会规范 | ①用符合时代要求的社会规范来引导幼儿。<br>②当幼儿对社会环境和社会规范的认知发生冲突时,应对幼儿进行合理和积极的引导 |

## 知识点4　学前儿童多元文化教育活动的设计步骤与指导要点

| 设计步骤 | 指导要点 |
| --- | --- |
| 创设情境,引出活动 | 可以用场景布置、创设情境等直观方式直接导入活动,如在节日活动中,通过布置幼儿园环境、播放音乐等方式导入活动 |
| 感知体验各种社会文化 | ①主要目的是引导幼儿了解各种文化,对该文化有一个初步的认识。②可以通过观看视频的方式来了解并对比社会文化,还可以通过交流讨论等方式来扩展认知,如节日文化的活动 |
| 组织实践活动 | 在感知社会文化的基础上,通过组织实践活动引导幼儿感受乐趣,加深对社会文化的体验和认识 |

## 第七节　学前社会教育活动的评价

## 知识点1　学前社会教育活动评价的主要内容

| | |
| --- | --- |
| 评价活动的目标 | 活动目标是否完整、是否分解到位、是否落实在活动内容和活动过程中、是否明确有层次、是否易于操作等 |
| 评价活动的内容 | ①活动内容是否符合学前儿童社会性发展的实际情况;②活动内容是否是学前儿童必需的,学前儿童是否愿意接受 |
| 评价活动的准备 | ①评价教师对于教学用具准备的充分程度和适用程度;②评价学前儿童有关本次活动的经验丰富程度;③评价学前儿童参与本次活动的精神状态准备程度 |

续表

| | |
|---|---|
| 评价活动的过程 | ①是否面向全体学前儿童,是否尊重学前儿童的个体差异;<br>②学前儿童的主体地位是否得到体现;<br>③教师是否尊重和考虑了学前儿童的意愿;<br>④运用的教育方法是否生动多样、灵活巧妙等 |
| 评价活动的效果 | ①该活动是否完成了活动目标;<br>②学前儿童是否有愉快的情感体验;<br>③学前儿童是否具有与目标相一致的社会性行为变化等 |

## 知识点2　学前社会教育活动评价的方法　【单选】

| 评价方法 | 概念 |
|---|---|
| 自然观察法 | 评价者在日常生活的自然状态下,有目的、有计划地对学前儿童的外显行为进行直接观察、记录,从而获得学前儿童社会性发展信息 |
| 谈话法 | 评价者通过与学前儿童面对面的交谈搜集评价信息的方法 |
| 问卷调查法 | 评价者根据评价目的和内容,选择或自编问卷向调查对象发放,以广泛搜集学前儿童社会性发展信息 |
| 情境测验法 | 评价者根据评价目的,预先设计好一定的情境诱发学前儿童表现出社会性行为并进行价值判断的方法 |
| 社会测量法 | 研究者通过某种特定的方法以了解某一特定团体的社交结构以及该团体内人际交往模式的方法。在学前儿童社会性发展评价之中,通过同伴的判断,可以发现哪些孩子被同伴接受,哪些孩子被同伴排斥,哪些孩子处于无争议的同伴社交地位,由此了解儿童的社会行为 |

知识扩展

投射法

投射法是一种间接地探察儿童心理的方法,主要用于测量儿童社会交往状况和性别意识的发展。投射法基本原理是假设个体有选择地对外界刺激赋予某种含义并做出适当反应,把自己的动机、需求、愿望投射于外在的言语、故事或图画之中,因而通过对这些外部表现的分析,就能揭示个体的心理活动。

学前儿童社会性观察最常见的投射法是画人测验,画人测验可用于测量儿童社会性发展水平。画人测验的关键是对所画作品的解释,这是一项十分复杂的技术。每一个部位和画法都可以分析出不同的含义,例如人的头部最能表现儿童社会交往特征,四肢及末端器官显示出儿童与环境的相互作用等等。

## 要点回顾

1. 学前儿童社会学习的特点。
2. 皮亚杰道德认知发展理论中儿童道德发展的四个阶段。
3. 科尔伯格道德发展理论中儿童道德发展的三个水平和六个阶段。
4. 学前社会教育的途径。
5. 学前社会教育的具体内容。
6. 学前社会教育的原则。
7. 学前社会教育的一般方法。
8. 学前社会教育的特殊方法。
9. 学前社会教育活动评价的方法。

# 第五章　学前科学领域

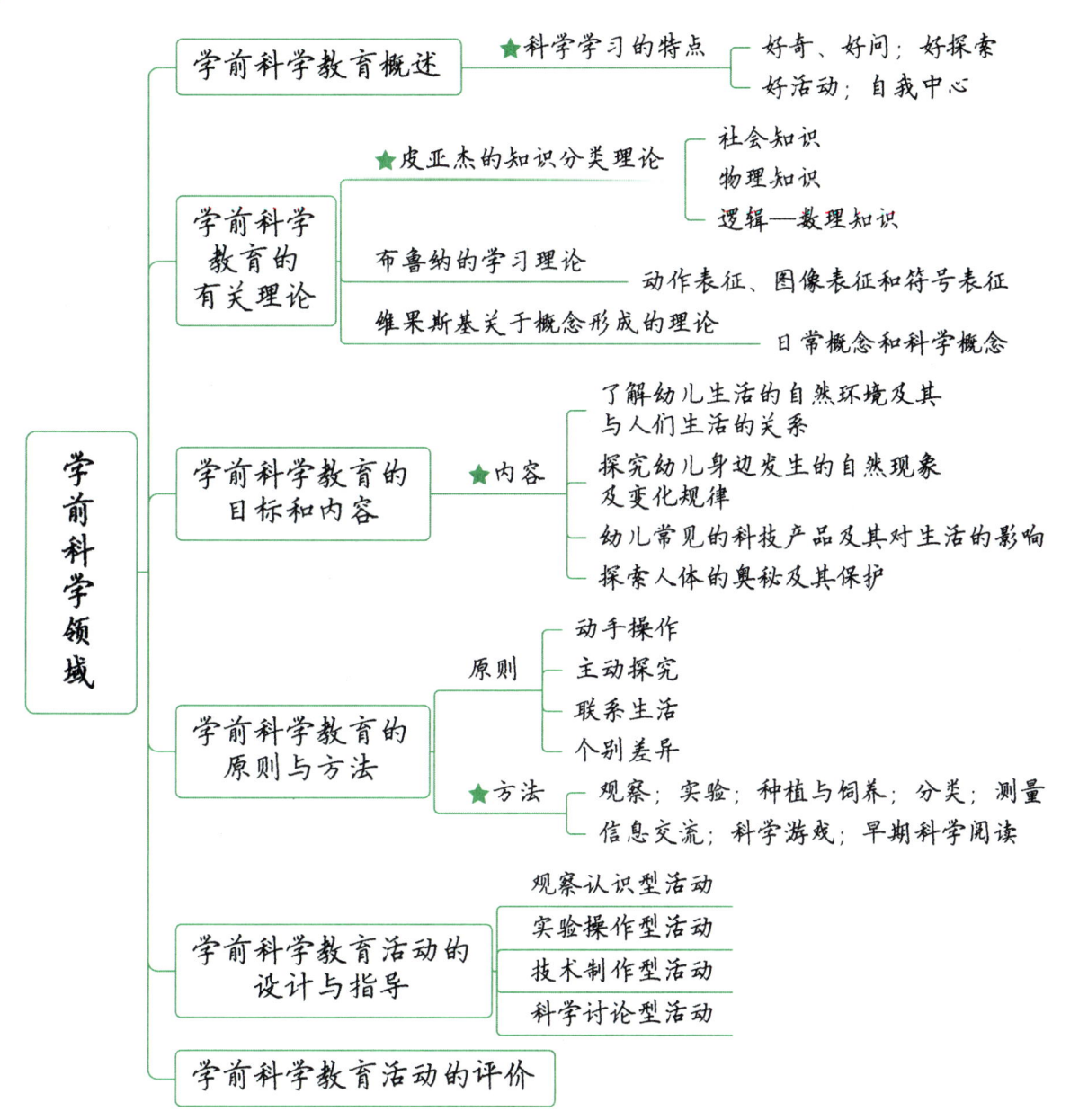

## 思维导图

- 学前科学领域
  - 学前科学教育概述
    - ★科学学习的特点
      - 好奇、好问；好探索
      - 好活动；自我中心
  - 学前科学教育的有关理论
    - ★皮亚杰的知识分类理论
      - 社会知识
      - 物理知识
      - 逻辑—数理知识
    - 布鲁纳的学习理论——动作表征、图像表征和符号表征
    - 维果斯基关于概念形成的理论——日常概念和科学概念
  - 学前科学教育的目标和内容
    - ★内容
      - 了解幼儿生活的自然环境及其与人们生活的关系
      - 探究幼儿身边发生的自然现象及变化规律
      - 幼儿常见的科技产品及其对生活的影响
      - 探索人体的奥秘及其保护
  - 学前科学教育的原则与方法
    - 原则
      - 动手操作
      - 主动探究
      - 联系生活
      - 个别差异
    - ★方法
      - 观察；实验；种植与饲养；分类；测量
      - 信息交流；科学游戏；早期科学阅读
  - 学前科学教育活动的设计与指导
    - 观察认识型活动
    - 实验操作型活动
    - 技术制作型活动
    - 科学讨论型活动
  - 学前科学教育活动的评价

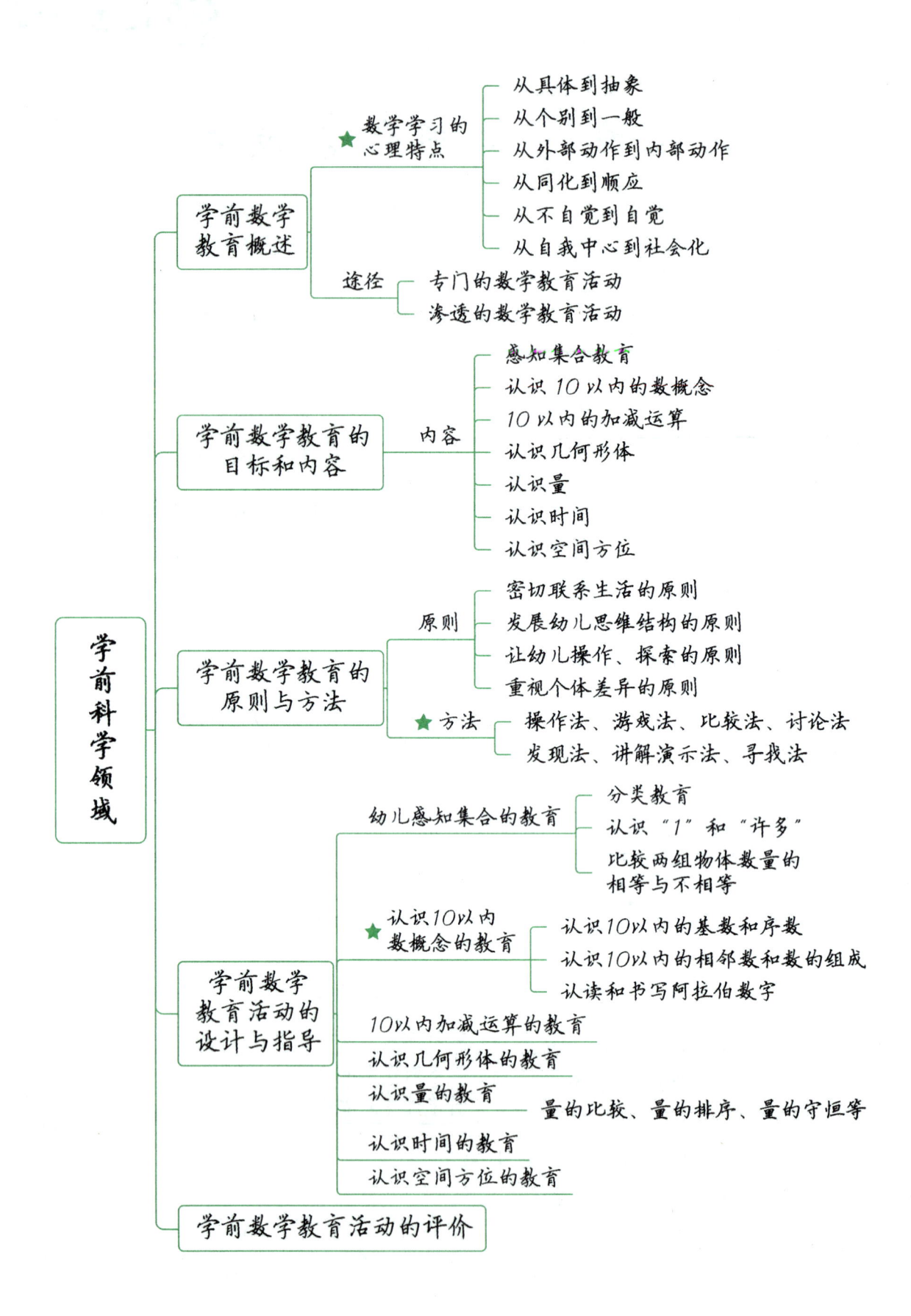

# 学前科学领域

- 学前数学教育概述
  - ★数学学习的心理特点
    - 从具体到抽象
    - 从个别到一般
    - 从外部动作到内部动作
    - 从同化到顺应
    - 从不自觉到自觉
    - 从自我中心到社会化
  - 途径
    - 专门的数学教育活动
    - 渗透的数学教育活动

- 学前数学教育的目标和内容
  - 内容
    - 感知集合教育
    - 认识10以内的数概念
    - 10以内的加减运算
    - 认识几何形体
    - 认识量
    - 认识时间
    - 认识空间方位

- 学前数学教育的原则与方法
  - 原则
    - 密切联系生活的原则
    - 发展幼儿思维结构的原则
    - 让幼儿操作、探索的原则
    - 重视个体差异的原则
  - ★方法
    - 操作法、游戏法、比较法、讨论法
    - 发现法、讲解演示法、寻找法

- 学前数学教育活动的设计与指导
  - 幼儿感知集合的教育
    - 分类教育
    - 认识"1"和"许多"
    - 比较两组物体数量的相等与不相等
  - ★认识10以内数概念的教育
    - 认识10以内的基数和序数
    - 认识10以内的相邻数和数的组成
    - 认读和书写阿拉伯数字
  - 10以内加减运算的教育
  - 认识几何形体的教育
  - 认识量的教育——量的比较、量的排序、量的守恒等
  - 认识时间的教育
  - 认识空间方位的教育

- 学前数学教育活动的评价

# 知识梳理

## 第一节　学前科学教育概述

| 学前儿童科学学习的特点 | 学前科学教育的途径 | 学前科学教育的意义 |
| --- | --- | --- |
| ①好奇、好问；<br>②好探索；<br>③好活动；<br>④自我中心 | ①集体科学教育活动；<br>②科学区角活动；<br>③生活中的科学教育；<br>④科学游戏 | ①能够对幼儿进行辩证唯物主义启蒙教育和品德教育；<br>②能够促进幼儿认知、情感和个性等方面的发展；<br>③能够提高幼儿的审美能力 |

## 第二节　学前科学教育的有关理论

### 知识点1　皮亚杰的知识分类理论

皮亚杰根据知识的最终来源和获取方式不同，将知识划分为三种类型：社会（或习俗）知识、物理知识和逻辑—数理知识。

1. 社会知识

社会知识是社会约定俗成的知识。儿童获得社会知识，主要靠社会传递。

2. 物理知识

物理知识是事物客观存在的知识。物理知识的获得主要依靠主体作用于客体，并对客体性质进行直接抽象，皮亚杰称之为"简单抽象"。

3. 逻辑—数理知识

逻辑—数理知识则是有关事物间关系的知识，它不是某一事物自身独立存在的属性。与物理知识的获得一样，逻辑—数理知识的获得也需要主体作用于客体的动作，但是不同之处在于这种动作不是个别动作，而是一系列动作。主体需要对客体施加一系列动作,并对一系列动作加以协调和抽象才能获得,皮亚杰称之为"反省抽象"。

> **学霸点睛**
>
> 皮亚杰认为,在上述三类知识中,逻辑—数理知识最为重要。因为它是物理知识和社会知识建构与发展的基础,也是智力发展的关键。

### 知识点2　布鲁纳的学习理论

布鲁纳认为人类的概念理解与表征思考有三种方式,即动作表征水平、图像表征水平和符号表征水平。这三种方式代表了三个发展层次。

1. 动作表征

动作表征指个体的学习涉及了操作活动与直接经验,即通过直接的操作行动来理解事物,或表达对事物的看法,基本不需要语言的帮助。

2. 图像表征

图像表征指个体通过视觉媒体的运用,即通过平面形象(如图片、图表等)来理解事物,或表达对事物的看法。

3. 符号表征

符号表征指个体通过抽象符号系统的运用,即通过语言、文字来理解事物,或表达对事物的看法。

### 知识点3　维果斯基关于概念形成的理论

维果斯基认为,儿童概念的发展是由概念含混、复合思维和概念思维三个时期组成的。他在探索儿童概念形成的一般规律的基础上,还进一步研究了儿童的日常概念和科学概念。他认为,日常概念是由生活中的具体事物出发,逐渐概括起来的概念,也称自发概念。科学概念则是指在概念体系的演绎中不断延伸的概念。

> **学霸点睛**
> 
> 科学概念与日常概念最大的区别就在于前者具有系统性，而后者缺乏系统性。日常概念的发展取决于科学概念，科学概念依赖于日常概念的发展。

## 第三节 学前科学教育的目标和内容

### 知识点1 学前科学教育的目标

**1. 总目标**

《幼儿园教育指导纲要（试行）》将幼儿园的教育内容分为健康、语言、社会、科学（含数学）、艺术五个领域，并且对这五个领域所要达到的教育目标都做了概括，其中对科学领域的目标概括如下：

（1）对周围的事物、现象感兴趣，有好奇心和求知欲；

（2）能运用各种感官，动手动脑，探究问题；

（3）能用适当的方式表达、交流探索的过程和结果；

（4）能从生活和游戏中感受事物的数量关系并体验到数学的重要和有趣；

（5）爱护动植物，关心周围环境，亲近大自然，珍惜自然资源，有初步的环保意识。

在这五条目标中的第四条是有关幼儿数学教育的，而其余四条就是我们现在学前儿童科学教育的总目标。

2. 年龄阶段目标

| 年龄段 | 知识方面 | 方法技能方面 | 情感方面 |
|---|---|---|---|
| 小班 | ①引导儿童观察周围常见的个别自然物（动、植物和无生命物质）的特征，获取粗浅的科学经验，初步了解它们与儿童生活、与周围环境的具体关系；②引导儿童观察周围常见自然现象的明显特征，获取粗浅的科学经验，并感受它们和儿童生活的关系；③引导儿童观察日常生活中直接接触的个别人造产品的特征及用途，获取粗浅的科学经验，感受它们给生活带来的方便 | ①帮助儿童了解各种感官在感知中的作用，学习正确使用各种感官感知的方法，发展感知能力；②帮助儿童掌握根据一个或两个特征从一组物体中挑选出物体并归为一类的分类方法；③帮助儿童学会通过目测等简单方法比较物体的形状、大小和数量的差别；④引导儿童用词语或简单的句子描述事物的特征或自己的发现，与同伴、教师交流；⑤帮助儿童学习使用他们日常生活中常用科技产品的简单方法，参与简单的制作活动 | ①激发儿童对周围事物的好奇心，使其乐意感知和摆弄他们能够直接接触到的自然物和人造物；②萌发他们探索自然现象和参与制作活动的兴趣；③使其喜爱动植物和周围环境，并能在成人的感染下表现出关心、爱护周围事物的情感 |

续表

| 年龄段 | 知识方面 | 方法技能方面 | 情感方面 |
|---|---|---|---|
| 中班 | ①帮助儿童获取有关自然环境中有生命物质、无生命物质及其与人类关系的具体经验，了解不同环境中个别动植物的形态特征和生活习性；②帮助儿童了解四季的特征及其与人们生活的关系，观察常见的自然现象，获取感性经验；③引导儿童获取周围生活中常见科技产品的具体知识和经验，初步了解它们在生活中的运用 | ①帮助儿童学会综合运用多种感官感知事物特征，发展观察力；②帮助儿童学会按照指定的标准，对物体进行简单分类；③帮助儿童学习运用简单的工具进行测量的方法；④引导儿童用自己的语言描述自己的发现，并与同伴、教师交流；⑤指导儿童学习使用常见科技产品的方法，运用简单工具进行制作活动 | ①发展儿童的好奇心，引导儿童探究周围生活中常见的自然现象、自然物和人造物，愿意参加制作活动；②培养儿童关心、爱护动植物和周围环境的情感和行为 |

续表

| 年龄段 | 知识方面 | 方法技能方面 | 情感方面 |
|---|---|---|---|
| 大班 | ①帮助儿童初步了解不同环境中的动植物及其与环境的相互关系；②介绍儿童周围生活中的环境污染现象和人们保护生态环境的活动；③帮助儿童获取有关季节、人类、动植物与环境等关系的感性经验，形成四季的初步概念；④引导儿童探索周围生活中常见的自然现象，获取有关的科学经验；⑤让儿童接触周围生活中的现代科学技术，及其在生活中的运用 | ①使儿童能主动运用多种感官观察事物，学会观察的方法，发展观察力；②使儿童能按照自己规定的不同标准对物体进行分类；③帮助儿童学习使用各种工具进行测量，掌握正确的测量方法；④引导儿童用完整、连贯的语言与同伴、教师交流自己的探索过程和结果，表达愿望，提出问题和参与讨论，以及能够表达发现的愉快，能够和他人交流和分享；⑤引导儿童学习使用常见科技产品的方法，运用简单工具和多种材料进行制作活动，能够发现物品和材料的多种特性和功能，并能表现出一定的创造性 | ①激发和培养儿童好奇、好问、好探索的态度；②激发儿童对自然环境和现代社会生活中的科技产品的广泛的兴趣，能自己发现问题、提出问题、寻求答案；③使儿童喜欢并能主动参与、集中于自己的科学探索活动和制作活动；④培养儿童主动关心、爱护周围环境的情感和行为 |

3. 活动目标

学前科学教育的活动目标是目标结构中最低层次的、最为具体的目标，是教师在组织幼儿开展某一次具体科学活动或某一系列主题科学活动时制定的具体活动目标，它是总目标和年龄阶段目标的具体分解，是最具操作性的目标层次，由教师根据本班幼儿的实际情况自己制定和落实。

### 知识点2　学前科学教育的内容

1. 学前科学教育内容选择的要求　【单选、判断】

（1）科学性和启蒙性（首要要求）；

（2）时代性和民族性；

（3）广泛性和代表性；

（4）地方性和季节性；

（5）系统性和整合性；

（6）趣味性和探究性。

2. 学前科学教育的具体内容　【单选、多选】

（1）了解幼儿生活的自然环境及其与人们生活的关系；

（2）探究幼儿身边发生的自然现象及变化规律；

（3）幼儿常见的科技产品及其对生活的影响；

（4）探索人体的奥秘及其保护。

## 第四节　学前科学教育的原则与方法

### 知识点1　学前科学教育的原则

（1）动手操作原则；

（2）主动探究原则；

（3）联系生活原则；

（4）个别差异原则。

## 知识点2　学前科学教育的方法　【单选】

| 方法 | 概念 |
| --- | --- |
| 观察 | 教师有目的、有计划地组织和启发儿童运用多种感官,去感知客观世界的事物与现象,使之获得具体的印象,并在此基础上逐步形成概念 |
| 实验 | 在人为控制条件下,教师或儿童利用一些材料、仪器或设备,通过简单演示或操作,对周围常见的科学现象加以验证 |
| 种植与饲养 | ①种植:儿童在园地、自然角(或用泥盆、木箱等)种植花卉、蔬菜和农作物等。<br>②饲养:儿童在饲养角里喂养和照管习性温顺的动物 |
| 分类 | 儿童把具有某一个或几个共同特征的物体聚集在一起 |
| 测量 | 通过观察或运用简单的测量工具,对物体进行简单的、初级的测定 |
| 信息交流 | 儿童将所获得的有关周围环境的信息,以语言的或非语言的形式来进行表达和交换 |
| 科学游戏 | 运用自然物质材料和有关的图片、玩具(科技玩具)等物品,进行带有游戏性质的操作活动 |
| 早期科学阅读 | 儿童通过阅读寓有科学知识的作品,包括故事、儿歌、谜语等,以学习科学知识 |

# 第五节　学前科学教育活动的设计与指导

## 知识点1　学前科学教育活动设计的原则

(1)科学性原则;

(2)发展性原则;

(3)趣味性原则;

(4)开放性原则;

(5)活动性原则;

(6)整合性原则。

### 知识点2　观察认识型科学教育活动的设计与指导

| 设计步骤 | 指导要点 |
| --- | --- |
| ①明确观察任务。<br>②幼儿自由观察并交流。<br>③教师指导幼儿再次观察。<br>④幼儿交流,教师总结 | ①利用观察对象的显著特征激发幼儿的观察兴趣,也可用儿歌、故事、谜语、提问题等方式开始。<br>②围绕观察对象进行启发式提问,引导幼儿全面、系统、有序地观察。<br>③引导幼儿运用多种感官观察对象的特征,在看、听、闻、摸、尝的过程中获得更为全面的信息。<br>④鼓励幼儿用多种形式表达、记录观察结果,如用语言、绘画和图表等 |

### 知识点3　实验操作型科学教育活动的设计与指导

| 设计思路 | 指导要点 |
| --- | --- |
| ①演示—操作式:教师演示实验内容,幼儿重演教师的操作,同时伴随观察,在操作和观察中获得发现。<br>②引导—探究式:教师通过材料激发幼儿兴趣,让其自由探究,引发幼儿交流各自发现,再组织幼儿进行有目的的探究并交流、总结。<br>③验证—探究式:针对某一问题,教师先让幼儿做出猜想预测,再进行探究活动,来验证之前的猜想 | ①为幼儿创设宽松、和谐的活动氛围。<br>②选择合适的材料及投放方式。<br>③引导幼儿积极参与活动,自主探究 |

## 知识点4  技术制作型科学教育活动的设计与指导

| 设计步骤 | 指导要点 |
| --- | --- |
| ①观察:让幼儿通过观察了解操作对象的特征、结构。<br>②尝试操作或制作:在尝试性的操作中认识科技产品或工具的特性、功能,初次尝试制作某个物品。<br>③交流讨论:分享自己的探索结果、制作经验。<br>④总结、展示和使用 | ①因幼儿的制作能力相对较低,故最好提供半成品供其制作,既能保证幼儿有成功的结果,又能让幼儿体验制作过程。<br>②让幼儿探索制作的方法和技巧。给予幼儿足够的探索空间,引导幼儿自己去尝试学习,进而掌握相关技巧。<br>③要引导幼儿探索制作中的科学原理和现象,注意将技术制作类活动与手工活动区分开 |

## 知识点5  科学讨论型科学教育活动的设计与指导

| 设计思路 | 指导要点 |
| --- | --- |
| ①观察调查—汇报交流式:可让幼儿通过绘画、拍照等方式记录资料,在讨论时可利用其再现幼儿的经验。<br>②收集资料—共同分享式:家园合作,共同帮助幼儿收集相关的影像资料,然后在集体活动中分享经验。<br>③设置问题—集中探讨式:先让幼儿进行个别探究,提出自己的观点,然后再进行集中讨论,通过不同观点的交流、问题的解决来拓展幼儿的思维。<br>④实验操作—交流讨论式:在幼儿亲自动手实验操作过程中,教师引导幼儿交流操作过程,讨论自己的发现,相互分享操作结果 | ①提出恰当的问题。<br>②帮助、指导幼儿进行资料收集、整理、保存。<br>③合理地组织交流讨论 |

## 第六节　学前科学教育活动的评价

| | |
|---|---|
| 活动目标的评价 | ①活动目标是否与年龄阶段目标以及总目标保持一致；<br>②活动目标是否与本班儿童的实际相适应；<br>③活动目标是否包含了科学经验、科学方法和科学情感态度；<br>④整个活动的设计与实施是否围绕着活动目标进行 |
| 活动内容的评价 | ①活动内容的选择是否与活动目标相一致；<br>②活动内容是否具有科学性；<br>③活动内容的选择是否符合时代性；<br>④活动内容的分量是否适当；<br>⑤活动内容是否来自儿童的生活经验，是否能关注到儿童的兴趣和需求，从儿童的关注点中生成内容 |
| 活动方法的评价 | ①是否根据活动目标、活动内容及儿童实际，选择与运用生动、直观、形象的活动方法；<br>②在一次活动中，是否采用多种合适的方法；<br>③是否根据幼儿园的环境和设备条件选择合适的方法；<br>④活动方法是否能保证儿童积极主动参与活动，并使他们得到发展，即不是教师灌输知识，儿童被动地学习的方法 |
| 活动过程的评价 | ①活动是否采用了多种科学教育活动的组织形式；<br>②在活动过程中，是否考虑了因材施教的问题；<br>③在分组时，是否考虑了人际关系以及儿童的情感因素；<br>④在活动过程中，是否能随机调整预定的活动目标，并生成目标 |
| 活动结构的评价 | ①活动结构是否严密，即活动是否组织紧凑、程序严密、环节交替自然有序，是否能有效利用时间；<br>②活动的结构是否合理，即是否能根据儿童活动和学习的规律，注意动静交替等；<br>③活动中的每一步骤是否有效，即在科学教育活动过程中，每一步骤都应和达成目标有关，尽量减少和目标无关的环节 |

续表

| | |
|---|---|
| 教育资源选择与运用的评价 | ①是否选择了能达成科学教育活动目标、适合活动内容与儿童实际的教育资源；<br>②选用的教、学具是否适合科学教育活动的展开；<br>③选用的学具是否适合儿童操作；<br>④活动过程中是否最大限度地利用了教具、学具所具有的功能 |
| 教师与儿童互动关系的评价 | ①是否正确发挥了教师的主导作用；<br>②是否创造条件使儿童成为活动的主体；<br>③教师与儿童在活动过程中的交往是否和谐融洽，是否积极主动地相互交往；<br>④儿童参与活动的态度如何，是积极主动地参与活动，还是被动地参与，甚至是成为旁观者 |

## 第七节 学前数学教育概述

| | |
|---|---|
| 学前儿童数学学习的心理特点 | ①从具体到抽象。<br>②从个别到一般。<br>③从外部动作到内部动作。<br>④从同化到顺应。<br>⑤从不自觉到自觉。<br>⑥从自我中心到社会化 |
| 学前数学教育的途径 | ①专门的数学教育活动：教师预定的数学活动、儿童自主选择的数学活动。<br>②渗透的数学教育活动：日常生活中的数学教育渗透、主题及其他各科教育活动中的数学教育渗透、游戏活动中的数学教育渗透 |

续表

| 学前数学教育的意义 | ①有助于儿童对生活和周围世界的正确认识。<br>②有助于培养儿童的好奇心、探究欲及对数学的兴趣。<br>③有助于儿童思维能力及良好思维品质的培养。<br>④有助于日后的小学数学学习 |
|---|---|

## 第八节 学前数学教育的目标和内容

### 知识点1 学前数学教育的目标

1. 总目标

| 认知方面 | 情感与态度方面 | 操作技能方面 |
|---|---|---|
| ①帮助儿童从生活和游戏中感受事物的数量关系,获得有关物体形状、数量以及空间、时间等方面的感性经验,体验到数学的重要和有趣;<br>②培养儿童运用数的相关经验解决问题的能力,发展儿童初步的逻辑思维能力以及用适当的方式表达、交流操作和探索过程、结果的能力 | ①培养儿童对周围生活中事物的数、形、量、空间与时间等的兴趣,喜欢参与数学活动与游戏,具有好奇心、探究欲;<br>②初步培养儿童形成交流、合作的意识 | ①培养儿童正确使用数学活动材料的技能;<br>②培养儿童养成做事认真、仔细、坚持、克服困难等良好的学习习惯 |

2. 年龄阶段目标

| 年龄段 | 目标 |
|---|---|
| 小班 | ①学习按物体的一个特征进行分类;<br>②学习按物体量(大小、长短)的差异进行4个以内物体的排序,学习按物体的某一特征进行排序; |

续表

| 年龄段 | 目标 |
|---|---|
| 小班 | ③认识"1"和"许多"及其关系；<br>④学习用一一对应的方法比较两组物体的数量，感知多、少和一样多；<br>⑤学习手口一致地从左到右点数5以内的实物，能说出总数，能按实物范例和指定的数目取出相应数量的物体，学习一些常用的量词；<br>⑥认识圆形、三角形、正方形；<br>⑦学习以自身为中心区分上下、前后、里外的空间方位及认识早、晚的时间概念，知道早、晚有代表性情节的日常变化；<br>⑧听懂教师的话，学习按照游戏规则进行活动，大胆地回答问题，初步学习用语言讲出操作活动的过程和结果；<br>⑨愿意参加数学活动，喜欢摆弄、操作数学活动材料，能在老师帮助下学习按要求拿取、摆放操作材料 |
| 中班 | ①认识10以内的数字，理解数字的含义，会用数字表示物体的数量；<br>②学习10以内的基数：顺着数、倒着数，学习目测数群，学习不受物体空间排列形式和物体大小等外部因素的干扰，正确判断10以内的数量，感知和体验10以内自然数列中相邻两数的等差关系；<br>③学习10以内的序数；<br>④认识长方形、梯形、椭圆形；<br>⑤学习按某一特征的肯定与否定进行分类，学习概括图形的两个特征，能按两个特征对同一类物体进行逐级分类；<br>⑥学习按量（粗细、高矮等）的差异进行6以内的正逆排序，学习按特定的规则排序；<br>⑦能听清楚老师的话，能按照要求进行活动，并学习按照要求检查自己的活动；<br>⑧能安静地倾听老师和同伴的讲话，学习用语言表述自己的操作活动过程和结果； |

续表

| 年龄段 | 目标 |
|---|---|
| 中班 | ⑨观察、比较、判断10以内的数量关系,逐步建立等量观念,运用已有的知识经验,解决新的问题,学习新的知识,促进初步的推理和迁移能力的发展;<br>⑩能自己选择小组活动,即能根据各个小组的活动情况,确定自己去哪组活动,在日常生活中,喜欢选择数学游戏活动;<br>⑪能主动地、专心地进行数学操作活动,并对自己的活动成果感兴趣,在教师的引导下,能注意和发现周围环境中物体的量的差异,物体的形状以及它们在空间的位置等等 |
| 大班 | ①学习10以内的单数、双数、相邻数以及认识0;<br>②学习10以内数的分解和组成,体验总数与部分数之间的等量关系,部分数与部分数之间的互补和互换关系;<br>③学习10以内数的加减,认识加号、减号,理解加法、减法的含义,初步掌握10以内加减运算的技能,体验加减互逆关系;<br>④学习按物体两个以上特征或特性进行分类,并学习按标记进行逐级分类;<br>⑤初步感知集合的交集、并集关系及包含关系;<br>⑥能按物体量的差异和数量的不同进行10以内正、逆排序,初步体验序列之间的传递性、双重性及可逆性关系;<br>⑦认识几种常见的立体图形(正方体、球体、长方体、圆柱体),能根据形体特征进行分类,体验平面图形与立体图形之间的关系;<br>⑧学习等分实物或图形,学习自然测量;<br>⑨学习以自身为中心和以客体为中心区分左右,会向左、向右方向运动;<br>⑩能认识时钟,学会看整点、半点,学习看日历,知道年、月、星期的名称和顺序;<br>⑪能听清楚若干操作活动的规则,能按规则进行活动,能按规则检查活动的过程和结果,并能参加较多小组的活动; |

| 年龄段 | 目标 |
|---|---|
| 大班 | ⑫能清楚地讲述操作活动过程和结果；<br>⑬能在老师的帮助下归纳、概括有关的数学经验，学习从不同角度、不同方面观察与思考问题，能通过观察、比较、类推、迁移等方法解决简单的数学问题；<br>⑭积极、主动地参加数学问题的讨论，学习有条理地摆放、整理活动材料；<br>⑮能与同伴友好地进行数学游戏，能采取轮流、适当等待、协商等方法协调与同伴的关系 |

3. 活动目标

数学教育活动的目标应具体、可以操作，并尽量用行为化的语言加以描述，这样就比较能为教师所把握，使得教师能够在活动中观察到儿童掌握目标的情况，观察、判断儿童的发展状况。

## 知识点2　学前数学教育的内容

（1）感知集合教育；（2）认识10以内的数概念；（3）10以内的加减运算；（4）认识几何形体；（5）认识量；（6）认识时间；（7）认识空间方位。

# 第九节　学前数学教育的原则与方法

## 知识点1　学前数学教育的原则

（1）密切联系生活的原则；（2）发展幼儿思维结构的原则；（3）让幼儿操作、探索的原则；（4）重视个体差异的原则。

## 知识点2　学前数学教育的方法　【单选、简答】

| 方法 | 含义 |
|---|---|
| 操作法 | 提供给儿童合适的材料、教具、环境，让儿童在自己的摆弄、实践过程中进行探索，获得数学感性经验和逻辑知识 |

续表

| 方法 | 含义 |
|---|---|
| 游戏法 | 根据儿童好动的天性和具体形象的思维特点,将抽象的数学知识寓于儿童感兴趣的游戏中,让儿童在自由自在、无拘无束的各种游戏活动中学习数学 |
| 比较法 | 通过对两个或两个以上物体的比较,让儿童找出它们在数、量、形等方面的相同和不同 |
| 讨论法 | 幼儿在教师指导下就活动中出现的问题、矛盾相互交流意见、探讨解决问题的策略 |
| 发现法 | 教师不把数学的初步知识和概念直接向儿童讲解,而是引导儿童依靠已有的数学知识和经验去发现和探索并获得初步的数学知识 |
| 讲解演示法 | 教师通过语言和运用直观教具把抽象的数、量、形等知识加以说明和解释,具体地呈现出来的一种教学方法 |
| 寻找法 | 让儿童从周围生活环境和事物中寻找数、量、形及其关系或在直接感知的基础上按数、形要求寻找相应数量的实物 |

> **知识扩展**
>
> 比较法的分类
>
> | 分类依据 | 类型 | | 含义 |
> |---|---|---|---|
> | 比较的性质 | 简单的比较 | | 对两个(组)物体的数或量的比较 |
> | | 复杂的比较 | | 两个(组)以上物体的量或数的比较 |
> | 比较的排列形式 | 对应比较 | 重叠比较 | 把一个(组)物体重叠在另一个(组)物体上面,形成两个物体(组的元素)之间一对一对应形式,进行量或数的比较 |
> | | | 并放比较 | 把一个(组)物体并放在另一个(组)物体下面(上面、左面或右面),形成两个物体(组的元素)之间一对一对应形式,进行量或数的比较 |
> | | | 连线比较 | 将图片上画的物体和有关的物体、形状或数字等,用(画)线联系起来比较 |

续表

| 分类依据 | 类型 | | 含义 |
|---|---|---|---|
| 比较的排列形式 | 非对应比较 | 单排比较 | 将物体摆放成一排或一行进行比较 |
| | | 双排比较 | 将物体摆成双排进行比较 |
| | | 不同排列形式的比较 | 将一组物体作不同形式的排列,进行数量比较 |

## 第十节　学前数学教育活动的设计与指导

### 知识点1　幼儿感知集合的教育

1. 幼儿感知集合教育活动的内容

（1）分类教育；（2）认识"1"和"许多"；（3）比较两组物体数量的相等与不相等。

2. 幼儿感知集合教育活动的设计与指导

（1）分类教育

分类是把相同的或具有共同特征（属性）的东西归并在一起。分类活动是幼儿数学教育的一项重要内容，在不同的年龄阶段都应该体现和渗透这项内容。幼儿学习分类的方法如下：

| 方法 | 组织要点 |
|---|---|
| 操作 | ①让幼儿感知和辨认分类对象的名称、特征和差异。<br>②说明要求和分类的含义。<br>③按范例或口头指示进行分类。<br>④启发幼儿思考探索如何进行分类。<br>⑤对不同年龄幼儿提出不同的分类干扰条件,以逐步提高分类的难度。<br>⑥讨论分类的结果,以巩固类概念和理解类的包含关系 |
| 游戏 | 如"小动物找家""帮片片回家"等游戏 |

(2)认识"1"和"许多"

"1"是自然数的基本单位。"许多"是一个笼统的词汇,它表示集合中有两个以上元素。幼儿认识"1"和"许多"的方法如下:

| 方法 | 组织要点 |
| --- | --- |
| 各种感官感知,区别"1"和"许多" | 开展"看一看""听一听""摸一摸"等活动,让幼儿运用视觉、听觉、触觉等感知物体是"1"个,还是"许多"个,从而理解"1"和"许多"都可以表示物体的数量 |
| 分合操作,理解"1"和"许多"的关系 | 指导幼儿把许多物体(集合)分成一个一个物体(元素),再把一个一个的物体(元素)组成许多(集合),让幼儿在分合的实践中感知集合与元素的关系 |
| 寻找活动,准确区分"1"和"许多" | 引导幼儿在周围环境中寻找"一个物体"和"许多个物体" |

(3)比较两组物体数量的相等与不相等

比较两组物体的相等与不相等,就是教幼儿学会用一个对一个的对应比较方法,比较两个集合中元素的数量,确定是一样多还是不一样多。这是不用计数进行的数量比较活动,是在小班认识"1"和"许多"之后,学习计数之前的感知集合教育的内容。比较两组物体相等与不相等的方法有重叠比较法、并放比较法和连线法。

## 知识点2 认识10以内数概念的教育 【单选】

1. 认识10以内数概念教育活动的内容

(1)认识10以内的基数;(2)认识10以内的序数;(3)认识10以内的相邻数;(4)认识10以内数的组成;(5)认读和书写阿拉伯数字。

2. 认识10以内数概念教育活动的设计与指导

(1)认识10以内的基数

基数是表示集合中元素多少的数。认识10以内基数是幼儿数学教育的一个重点，可以通过多种形式的计数活动，帮助幼儿理解基数意义，获得初步的数守恒概念。幼儿认识10以内基数的方法具体如下：

| 方法 | 组织要点 |
| --- | --- |
| 教幼儿按物点数 | 小班幼儿刚开始学习点数时，往往出现手口不一致的情况，教师要做示范，教幼儿用右手食指从左到右地点一个物体说一个数词 |
| 教幼儿运用各种感官计数 | 开展"看一看""听一听""摸一摸"等活动让幼儿运用视觉、听觉、触觉来感知物体的数量，加深对数意义的理解 |
| 教幼儿理解数的形成 | ①数的形成是指一个数添上1形成后面的一个新数。②可以用对应比较的方法，将两组相同数量的物体一一对应地摆放，确认一样多后在其中一组物体上增加1个，使幼儿在直接观察下，看到新的数是由原来的数添上1形成的，从而理解数的形成 |
| 教幼儿按物取数、按数取物 | 按物取数是指教师出示一定数量的物体，要求幼儿取出（找出）相应的数字。按数取物是指教师出示数字或口头说出数词，要求幼儿取出相应数量的物体 |
| 教幼儿理解数的守恒 | ①学习数的守恒是教幼儿学会不受物体大小、颜色、形状或排列形式等的干扰，正确判断物体的数量。②可以按照由易到难的顺序进行不同层次的练习。先选择大小、颜色、形状等不同的同类物体让幼儿数，再选择大小、颜色、形状等不同的不同类物体让幼儿数，最后选择各种不同排列形式的物体让幼儿数 |
| 教幼儿倒数和接数 | ①借助讲解演示，理解倒数和接数的含义。②游戏练习。可以通过卡片游戏、口头游戏、拍手游戏等练习数数 |

（2）认识10以内的序数

序数是用自然数表示集合中元素次序的数。认识序数要以基数为基础，

因此序数教育一般安排在学习10以内基数以后进行,它是中班数教育的内容。认识10以内序数的方法如下:

| 方法 | 组织要点 |
| --- | --- |
| 借助讲解演示,理解序数的含义 | ①教师出示教具进行排队,说出每个物体的排列顺序,然后请幼儿回答"某某排在第几个""排第几个的是谁",巩固幼儿对序数的认识。<br>②强调说明"有几个"是问东西一共有几个,"第几个"是问什么东西排在第几个位置上,从而使幼儿明确地掌握序数的含义 |
| 教幼儿用计数的方法确定序数 | 在学习10以内序数时,幼儿往往难以立即说出物体在第几个位置上,对此教师应告诉幼儿用计数的方法来确定,从第一开始数,第二、第三…… |
| 向幼儿说明确定序数的方向 | 教幼儿学习序数,应注意说明从什么方向开始,如果从左到右,排在最左边的是第一,反之最右边的是第一 |
| 通过操作和游戏活动进行练习 | 如发给幼儿不同的动物卡片和楼层卡片,玩"楼房游戏"。教师提出请某个小动物住在第几层,然后让幼儿将动物卡片放在相应的位置上 |
| 结合其他各科教学和日常生活练习 | 在其他各科教学和日常生活中渗透序数知识,可以进一步巩固幼儿序数概念,也可以培养幼儿运用数学知识解决问题的能力 |

(3)认识10以内的相邻数

认识10以内相邻数主要表现为能理解三个相邻的数及其关系和10以内自然数列的等差关系。认识10以内相邻数的方法如下:

| 方法 | 组织要点 |
| --- | --- |
| 借助讲解演示,理解相邻数的含义 | 认识三个相邻数及其关系,应从直观教具入手,结合数字进行 |

| 方法 | 组织要点 |
| --- | --- |
| 探索相邻数的规律 | 教幼儿认识相邻数,不必从2到9逐个教,教5以内的相邻数进度要慢一些,多做练习,让幼儿逐步认识相邻数的规律:一个数前面的相邻数比它小1,后面的相邻数比它大1。到6~10的相邻数时,可以让幼儿应用类推法,运用相邻数的规律,举一反三去推断每个数的相邻数 |
| 游戏活动 | 可以开展一些类似"找朋友""找邻居"的游戏,巩固幼儿对相邻数的认识 |

（4）认识10以内数的组成

教幼儿学习数的组成,是为了帮助幼儿理解整体与部分、部分与部分之间的关系,加深对数概念的理解,并为以后学习加减运算打下良好的基础。数的组成包括两个不可分割的过程:分解和组合。幼儿学习数的组成,这两个过程要同时学习,既学分又学合,先学分再学合。10以内数的组成的教学宜在幼儿园大班进行。认识10以内数的组成的方法如下:

| 方法 | 组织要点 |
| --- | --- |
| 分合操作并学会做记录 | 学习数的组成最好的方法就是让幼儿动手操作。教师可以为每个幼儿提供适当的学具,让幼儿自己操作,并把操作结果用数字和分合符号记录下来,最好请幼儿把自己的操作结果告诉大家。教师也可以把幼儿的记录结果呈现在黑板上,与幼儿一起进行评价总结 |
| 探索数的组成规律 | 在幼儿积累了较丰富的分合经验后,可以引导幼儿发现数的组成中的互换关系和互补关系。互换关系指的是一个数分成的两个部分数的位置可以互换,总数不变。互补关系指的是一个数分成的两个部分数,一个数逐一增加,另一个数逐一减少,总数不变 |
| 巩固活动 | 可开展口头游戏、卡片游戏、填空游戏、念儿歌等活动帮助幼儿巩固对数的组成的认识 |

(5)认读和书写阿拉伯数字

①认读阿拉伯数字

认读阿拉伯数字在中班进行,最好结合认识10以内基数的实际含义同时进行,一方面认识了数字,同时又使幼儿知道每个数字所代表的物体数量。认读阿拉伯数字的方法如下:

| 方法 | 组织要点 |
| --- | --- |
| 用多种教具,结合数数讲解数字的意义 | 如认识数字"4",出示4个雪花片让幼儿数数,再出示"4"的数字,讲解说明可以用"4"来表示4个雪花片 |
| 用比喻法记住字形 | 利用幼儿熟悉的事物与数字形象相比较,如"1"像小棒,"2"像鸭子,以帮助幼儿记住字形 |
| 用比较法区分形近数字 | 重点对字形容易混淆的数字做比较,帮助幼儿正确识别 |
| 用比较法读准字音 | 要求幼儿用普通话读准字音 |
| 用游戏法体验数字与物体数量的关系 | 可开展"看物找数字""连线游戏"等活动,让幼儿将抽象的数字与物体的数量联系起来 |

②书写阿拉伯数字

书写阿拉伯数字在大班进行。书写阿拉伯数字的方法如下:

| 方法 | 组织要点 |
| --- | --- |
| 示范讲解 | 教师在黑板上边示范边讲解,讲清所写数字的字形特点和结构,讲清所写数字的笔顺等 |
| 书写练习 | 可要求幼儿在空中或用手指在沙子上书写,以熟悉笔顺和笔画 |

### 知识点3　10以内加减运算的教育

1. 10以内加减运算教育活动的内容

(1)学习自编口述应用题;(2)学习实物加减;(3)学习列式运算。

2. 幼儿学习加减运算的特点　【单选】

(1)学习加法比减法容易;

（2）学习加小数、减小数的问题容易，学习加大数、减大数的问题难；

（3）理解和掌握应用题比算式题容易。

3. 10以内加减运算教育活动的设计与指导

（1）学习自编口述应用题

学习自编口述应用题的重点是引导幼儿掌握应用题的结构，难点是如何根据两个条件提出一个问题。这一类活动的具体设计步骤和指导要点如下：

| 设计步骤 | 指导要点 |
| --- | --- |
| 教师示范编题，引导幼儿了解应用题的结构 | 教师可利用有数量关系变化的三幅图引导幼儿理解题意，可向幼儿指出三幅图讲的是同一件事，然后通过提问：图上有谁？有多少？在做什么？是怎么做的？引导幼儿把每幅图小结成一句话（即说出题意）。例如，"妈妈先买了1个皮球，后来又买了1个皮球，妈妈一共买了几个皮球？"教师可以让幼儿反复套用这一句式来说说自己或同伴在生活、游戏、劳动等活动中的事情，以此让幼儿了解应用题的基本结构 |
| 教师示范如何提出问题，引导幼儿区分疑问句和陈述句 | ①可引导幼儿听"妈妈一共买了几个皮球""妈妈一共买了两个皮球"这两句话的区别，让其明白疑问句中没有问题的答案。<br>②幼儿模仿提问 |
| 采用各种形式让幼儿练习编题 | 利用模仿编题、补充编题、看图编题、自由编题等形式让幼儿练习编题 |

（2）学习实物加减

实物加减是幼儿学习加减运算的最初阶段，一般在5以内的加减法教学时进行，教学中不出现加号、减号、等号，也不讲解这些符号名称，不列算式，只是借助直观教具，结合口述应用题来分析说明运算过程。这一阶段教育的主要目的是帮助幼儿理解加法和减法的含义。其方法如下：

| 方法 | 组织要点 |
| --- | --- |
| 借助直观教具编讲口述应用题 | ①教师边演示教具边编出加法或减法应用题。<br>②讲解应用题的运算方法，让幼儿理解"飞来了""送来了"等是合起来的意思，用加法；"飞走了""游走了"等是去掉的意思，用减法 |
| 运用数的组成知识进行运算 | 引导幼儿运用数的组成知识进行计算，如5可以分成2和3，5去掉2还剩3，所以还剩3个气球 |

（3）学习列式运算

幼儿初步掌握了实物加减之后，就可以提出如何把运算过程用简单的符号记录下来的问题，借此引入"加号""减号""等号"的表示方法，教幼儿用算式将活动的过程和结果记录下来，学会列式运算。方法如下：

| 方法 | 组织要点 |
| --- | --- |
| 借助直观教具编讲口述应用题 | 在幼儿理解加减法含义的基础上，继续用这种方法教幼儿认识加号、减号、等号及加减算式。具体步骤如下：<br>第一步，教师边演示教具边编出加法或减法应用题，让幼儿说出答案。<br>第二步，分析题意，用数字表示出已知数和答案。<br>第三步，分析运算方法，出示运算符号引出算式 |
| 运用数的组成知识列式运算 | 引导幼儿把数的组成知识和加减法内容联系起来，运用数的组成知识列式运算 |
| 启发幼儿探索加减运算中的规律 | 在幼儿理解加减含义，学会列式运算的基础上，可以引导幼儿探索发现加法交换律和加减的互逆关系 |
| 运用多种形式练习列式运算 | 常见的练习方法有看物列式、看图列式、感官感知活动、游戏活动、操作活动等 |

## 知识点4 认识几何形体的教育

**1. 幼儿认识几何形体的特点【单选】**

（1）我国学者的研究认为：<u>幼儿从感知几何形体的外部形状发展到能用相应的词语表达，需经历配对→指认→命名的过程。</u>其中配对是指幼儿按实物或图形的特征标记找出相同的一个物品。指认是指幼儿能按成人要求（如按图形特征标记）从众多物品中指出规定的物品。命名是指幼儿能用正确的约定俗成的名称指称几何形体。

（2）李季湄、周欣、罗秋英等人认为，幼儿认识平面图形的顺序是：圆形→三角形→长方形→正方形→梯形→半圆形→菱形→平行四边形→椭圆形。曹成刚、刘吉祥、张瑞平等人认为，幼儿认识平面图形的顺序是：圆形→正方形→三角形→长方形→半圆形→梯形→菱形→平行四边形→椭圆形。

（3）幼儿认识立体图形的顺序是：球体→正方体→圆柱体→长方体。

**2. 认识几何形体教育活动的设计与指导**

（1）认识平面图形的方法

| 方法 | 组织要点 |
| --- | --- |
| 运用视觉、触觉感知图形，掌握图形的基本特征 | 观察感知的基本步骤如下：<br>①观察2~3个实物，触摸感知物体表面的轮廓。<br>②观察图形与实物，找出其相同点。<br>③告诉幼儿图形的名称和特征。<br>④出示颜色、大小、摆放形式不同的图形，理解图形守恒 |
| 通过图形和图形的比较，认识图形，掌握图形的基本特征 | 把要认识的新图形与认识过的相近图形重叠，找出相同点与不同点，从而掌握新的图形的名称和特征。这种方法一般适用于中班幼儿 |
| 通过对图形的分割与拼合，认识图形之间的关系 | 幼儿对图形之间关系的认识，主要是通过分割与拼合的操作活动进行的。在教学内容上应从简单到复杂，先等分，后不等分；先二等分，再四等分；先分割，再拼合 |

续表

| 方法 | 组织要点 |
|---|---|
| 通过操作或游戏等多种活动,巩固对图形的认识 | 开展按名称取图形、图形分类、给图形涂色、寻找图形、拼图等活动加深对图形的认识 |

(2)认识立体图形的方法

| 方法 | 组织要点 |
|---|---|
| 运用视觉、触觉感知几何体及其特征 | 引导幼儿看一看、摸一摸、动一动几何体,全面感知几何体的特征 |
| 比较平面图形与几何体以及几何体之间的不同 | ①引导幼儿探索发现立体图形有长、宽、高,平面图形只有长和宽,只在一个平面上。②立体图形之间的比较在于突出图形之间特征的异同 |
| 通过操作或游戏等多种活动,巩固对几何体的认识 | 开展手工制作活动、分类活动、寻找活动、拼搭活动,巩固幼儿对几何体的认识 |

## 知识点5 认识量的教育

1. 认识量教育活动的内容

(1)量的比较;(2)量的排序;(3)量的守恒;(4)自然测量。

2. 学前儿童感知量的发展过程

(1)从明显差异到不明显差异;(2)从绝对到相对;(3)从模糊不精确到逐渐精确。

3. 认识量教育活动的设计与指导

(1)量的比较

教学前儿童学习量的比较可以采用以下几种方法:

| 方法 | 组织要点 |
| --- | --- |
| 运用各种感官,感知物体的量 | 提供各种材料,让幼儿在充分地看、摸、摆弄等活动中进行感知和比较,认识物体的量 |
| 运用重叠、并放法,比较物体的量 | 提醒幼儿注意物体重叠或并放时应该对齐 |
| 运用寻找法,描述物体的量 | 引导幼儿在周围环境中寻找哪些物体长、哪些物体短、哪些物体粗、哪些物体细等,并且用正确的词汇去描述 |
| 运用游戏法,区别物体的量 | 开展"相反游戏"等,加深幼儿对物体大小、长短、粗细等的认识 |

（2）量的排序

教幼儿排序实际上包含三个内容：按照物体量的差异排序（如从小到大或从大到小）；按照物体数量的多少排序（如按数量逐一增加或减少,按数字由小到大或由大到小）；按照特定规律排序（如男女间隔排列）。这些内容都可以采用下列方法学习：

| 方法 | 组织要点 |
| --- | --- |
| 示范讲解 | ①开始学习排序时,先说明要求并示范,引导幼儿观察教师排序的过程和结果。<br>②要重点向幼儿说明排序的基本要求和方法,明确排序的方向、起始线和规则 |
| 动手操作 | ①提供各种材料,要求幼儿按教师的口头指示,自己完成排序任务。<br>②幼儿有一定的排序经验后,再创造条件让幼儿自由排序 |
| 探索物体序列中的规律 | 在进行三个物体的排序时,可以通过提问让幼儿思考、讨论,引导幼儿发现序列中的可逆性、双重性和传递性。<br>①可逆性是指按一定顺序排列的物体,反过来也形成一定的顺序排列。<br>②双重性是指按顺序排列的物体中,任何一个元素的量,都比前一个元素大,又比后面一个元素小。<br>③传递性可理解为如果 $A>B, B>C$,那么 $A>C$,在比较过程中 A 和 C 没有直接比较,而是通过 B 这个中介将关系传递（推理）过去 |

（3）量的守恒

量的守恒是指物体的大小、长短等不受物体的外形和摆放位置的变化而改变。量的守恒包括长度守恒、面积守恒、容积守恒、体积守恒等。教学前儿童学习量的守恒的方法包括以下几种：

| 方法 | 组织要点 |
| --- | --- |
| 运用单个物体量的变式 | 运用量的多种变式，添加干扰因素，使幼儿做到不受外部因素变化的影响而认识到量的不变性。例如，长度守恒，可用同一根绳子摆出长度的各种变式，做出记录，让幼儿判断它们是否一样长 |
| 运用同等量的两份物体进行比较 | 先用同等量的两份物体进行比较，确认是一样的，然后把其中一份进行变式，再引导幼儿将变式量和原来的量进行比较，以判断它们还是一样的 |
| 运用数表示量的守恒 | 用单位的数量是否相等判断量的守恒。如四个小正方形可以组成一个大正方形，也可以组成一个大长方形，只是排列不一样，其面积是守恒的 |
| 渗透整体与部分关系的思想 | 量的守恒教学中，许多量的变式都涉及整体量和部分量的问题。例如，一大杯水倒在两个或多个小杯子中，所有小杯子中水的总和与大杯子中的水是等量的 |

（4）自然测量

自然测量是指利用自然万物作为量具进行的直接测量。教幼儿自然测量的方法如下：

| 方法 | 组织要点 |
| --- | --- |
| 讲解演示，教幼儿学习自然测量 | ①引导幼儿通过目测判断物体的量。<br>②引导幼儿学习用自然物对物体的某一量进行测量 |
| 操作活动，幼儿自己动手学习测量 | ①可以给幼儿提供一些测量对象和测量工具让幼儿操作，也可以让幼儿自由选择测量对象和测量工具自己测量。<br>②交流测量的情况和结果 |

## 知识点6  认识时间的教育

1. 认识时间教育活动的内容

认识时间教育活动的内容主要包括以下几个方面：

（1）区分早上、晚上、白天、黑夜、昨天、今天、明天、星期、年、月、日的名称及顺序。

（2）认识时钟（长针、短针及其功用，认识整点和半点）。

2. 认识时间教育活动的设计与指导

时间是一个比较抽象的概念，且和具体的生活事件紧密相连。因而，认识时间的教育活动一般渗透在日常生活和游戏中。教师可通过晨间谈话或值日生活动，让幼儿获得关于时间方面的知识，理解时间概念。以下主要讨论认识时钟教育活动的设计步骤与指导要点。

| 设计步骤 | 指导要点 |
| --- | --- |
| 讨论时钟的用途 | 结合幼儿的日常生活提出问题，让幼儿讨论时钟在我们生活中有什么作用 |
| 观察讲解钟面的结构 | 讲解时钟的三要素：钟面的12个数字及排列方向；分针与时针；两根针的运动及速度 |
| 认识整点与半点 | 演示整点时，要强调分针在数字12上，时针在几，就是几点整。在认识整点的基础上认识半点，演示半点时，强调分针在数字6上，时针超过数字几半格就是几点半 |
| 巩固和强化 | 开展操作活动、观察活动、游戏活动，巩固和强化幼儿对时钟的认识 |

## 知识点7  认识空间方位的教育

1. 认识空间方位教育活动的内容

认识空间方位教育活动的内容主要包括以下两方面：

（1）初步认识空间方位：上、下、前、后、左、右、里、外、远、近等。

（2）认识空间运动方位：向前、向后、向左、向右、向上、向下等。

2.认识空间方位教育活动的设计与指导

空间方位与儿童的日常生活有着密切的联系,帮助儿童初步辨认一些空间方位有利于空间知觉的发展,也能提升处理日常生活问题的能力。教幼儿认识空间方位的方法如下:

| 方法 | 组织要点 |
| --- | --- |
| 教幼儿以自身为中心认识方位 | ①让幼儿认识自己身体各部分的位置关系。<br>②引导幼儿辨别自己与物体的方位关系 |
| 教幼儿以客体为中心认识方位 | 可以讲解示范,告诉幼儿某个物体的上下、前后、左右方位,还可以让幼儿站到物体的位置上去感知 |
| 在操作活动中认识方位 | ①要求幼儿按教师的指令将某种物体放到指定位置,或请幼儿将某物随意放在一个位置后,自己说出物体在什么地方。<br>②组织拼合图案的操作练习,要求幼儿在观察各部分图案细节特征的基础上,将几个部分拼成一幅完整的图画 |
| 在游戏或一日活动中认识方位 | ①开展"摸耳朵""捉迷藏"等活动,巩固幼儿对空间方位的认识。<br>②在幼儿的一日生活以及各种活动中进行空间方位的教育 |

# 第十一节 学前数学教育活动的评价

| 活动环境的评价 | 学前数学教育活动环境主要从儿童参与活动的需要出发,具体包括心理环境和物质环境 |
| --- | --- |
| 活动目标的评价 | 活动目标应符合本班儿童发展水平和已有经验,并兼顾不同发展水平儿童的个体需要 |
| 活动内容的评价 | 活动内容应让儿童有更多直接参与的机会 |
| 活动方法的评价 | ①活动的方法应该适应儿童的年龄特点,方法应直观、形象、生动,多借助于具体的物体;<br>②活动方法要因地制宜,密切联系生活;<br>③活动要体现儿童的主体性 |

续表

| | |
|---|---|
| 活动过程的评价 | ①活动过程的结构应该严密、有逻辑性。<br>②活动过程要尽可能充分地利用好活动环境,给儿童以足够的时间和空间与环境和材料进行互动,让儿童在感性经验积累的基础上获得相应的数概念。<br>③在活动过程中,应充分体现教师与儿童之间的互动,教师应充分尊重和接纳儿童的个体差异 |

## 要点回顾

1. 学前儿童科学学习的特点。
2. 学前科学教育的途径。
3. 皮亚杰的知识分类理论中对知识的划分类型。
4. 学前科学教育内容选择的要求。
5. 学前科学教育的具体内容。
6. 学前科学教育的方法。
7. 学前儿童数学学习的心理特点。
8. 学前数学教育的方法。
9. 认识10以内数概念的教育。
10. 幼儿学习加减运算的特点。
11. 幼儿认识几何形体的特点。

# 第六章　学前艺术领域

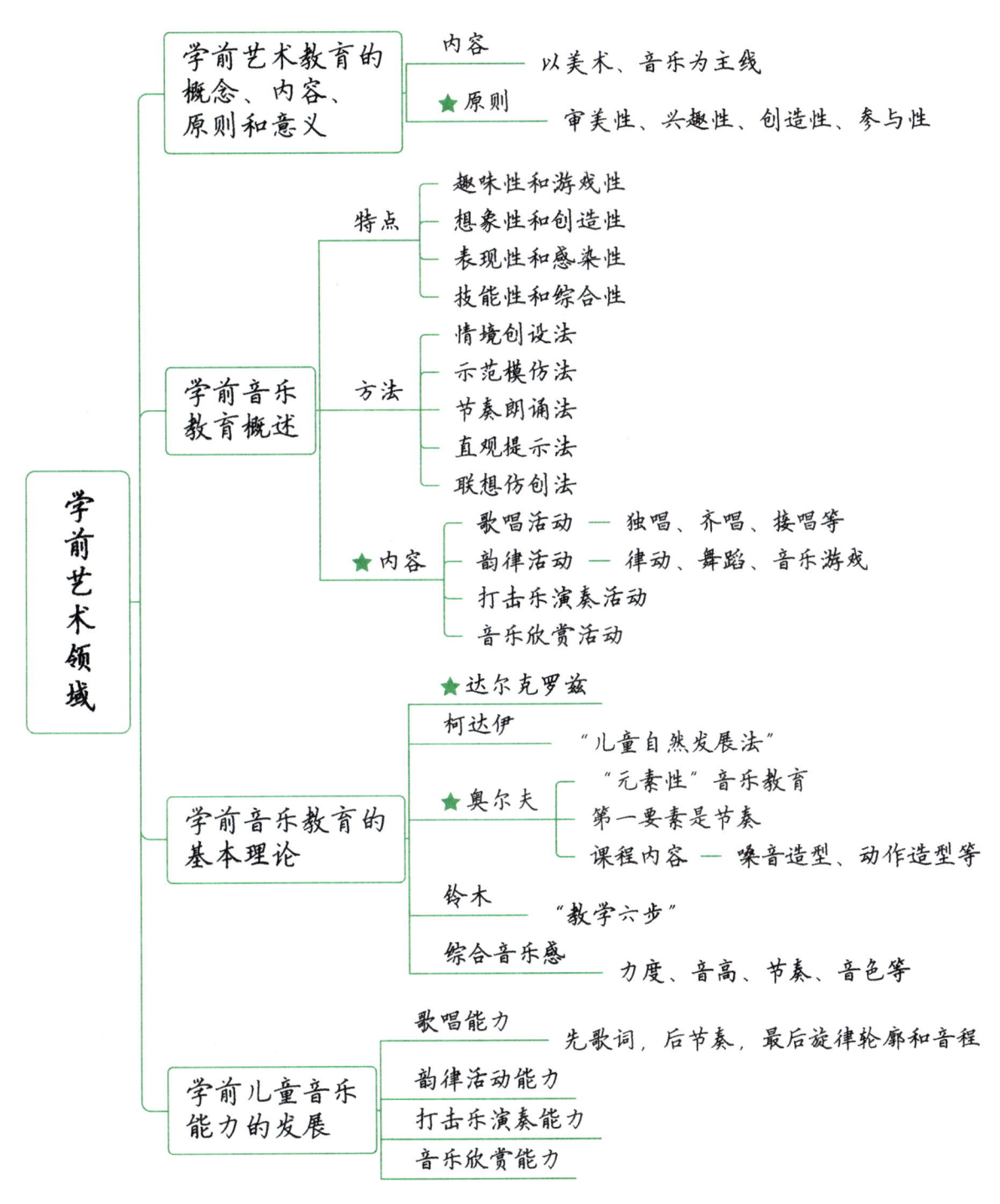

## 思维导图

- **学前艺术领域**
  - 学前艺术教育的概念、内容、原则和意义
    - 内容 —— 以美术、音乐为主线
    - ★原则 —— 审美性、兴趣性、创造性、参与性
  - 学前音乐教育概述
    - 特点
      - 趣味性和游戏性
      - 想象性和创造性
      - 表现性和感染性
      - 技能性和综合性
    - 方法
      - 情境创设法
      - 示范模仿法
      - 节奏朗诵法
      - 直观提示法
      - 联想仿创法
    - ★内容
      - 歌唱活动 —— 独唱、齐唱、接唱等
      - 韵律活动 —— 律动、舞蹈、音乐游戏
      - 打击乐演奏活动
      - 音乐欣赏活动
  - 学前音乐教育的基本理论
    - ★达尔克罗兹
    - 柯达伊
    - ★奥尔夫
      - "儿童自然发展法"
      - "元素性"音乐教育
      - 第一要素是节奏
      - 课程内容 —— 噪音造型、动作造型等
    - 铃木 —— "教学六步"
    - 综合音乐感 —— 力度、音高、节奏、音色等
  - 学前儿童音乐能力的发展
    - 歌唱能力 —— 先歌词，后节奏，最后旋律轮廓和音程
    - 韵律活动能力
    - 打击乐演奏能力
    - 音乐欣赏能力

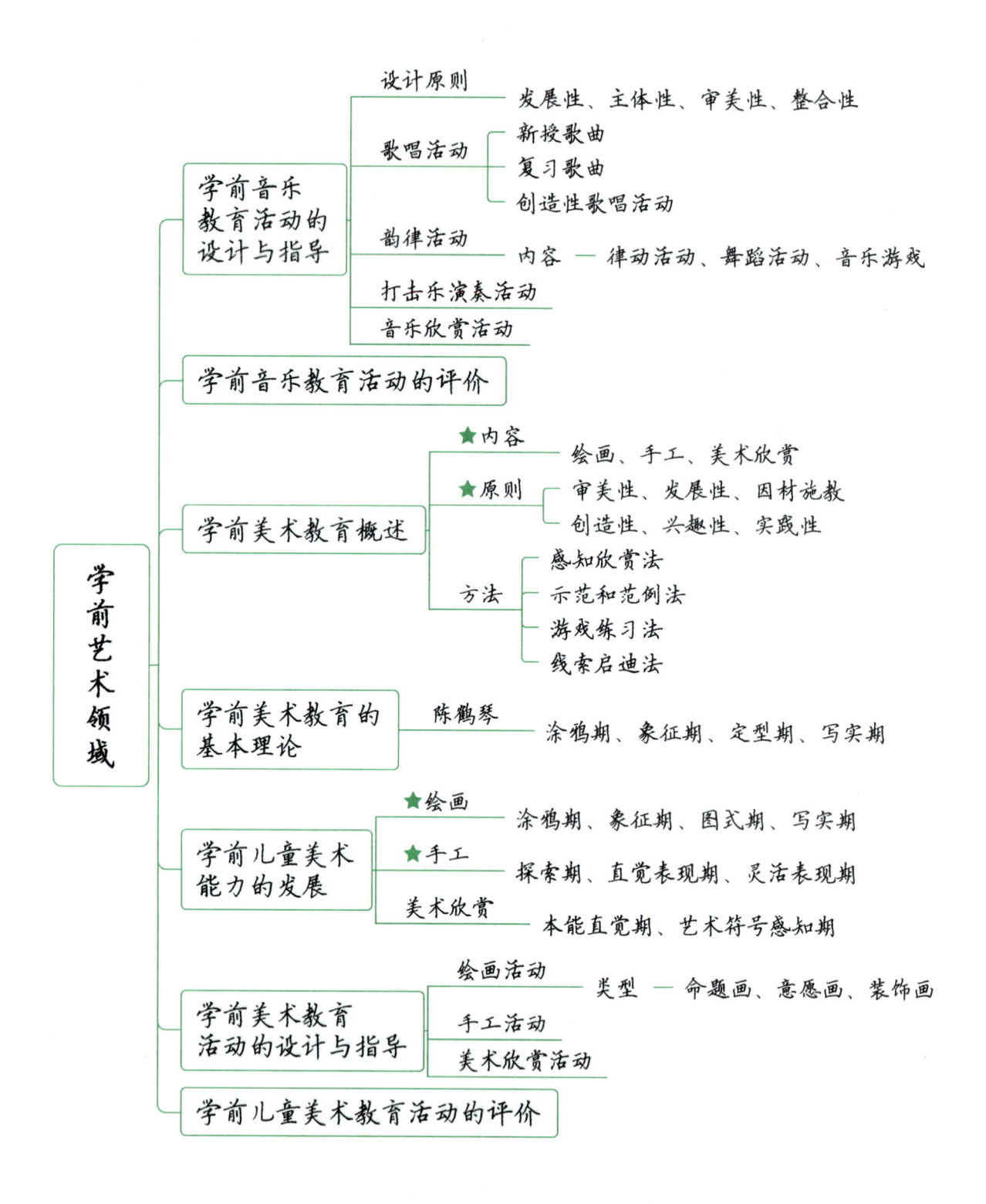

# 学前艺术领域

- 学前音乐教育活动的设计与指导
  - 设计原则 —— 发展性、主体性、审美性、整合性
  - 歌唱活动
    - 新授歌曲
    - 复习歌曲
    - 创造性歌唱活动
  - 韵律活动 —— 内容 —— 律动活动、舞蹈活动、音乐游戏
  - 打击乐演奏活动
  - 音乐欣赏活动
- 学前音乐教育活动的评价
- 学前美术教育概述
  - ★内容 —— 绘画、手工、美术欣赏
  - ★原则
    - 审美性、发展性、因材施教
    - 创造性、兴趣性、实践性
  - 方法
    - 感知欣赏法
    - 示范和范例法
    - 游戏练习法
    - 线索启迪法
- 学前美术教育的基本理论 —— 陈鹤琴 —— 涂鸦期、象征期、定型期、写实期
- 学前儿童美术能力的发展
  - ★绘画 —— 涂鸦期、象征期、图式期、写实期
  - ★手工 —— 探索期、直觉表现期、灵活表现期
  - 美术欣赏 —— 本能直觉期、艺术符号感知期
- 学前美术教育活动的设计与指导
  - 绘画活动 —— 类型 —— 命题画、意愿画、装饰画
  - 手工活动
  - 美术欣赏活动
- 学前儿童美术教育活动的评价

# 知识梳理

## 第一节 学前艺术教育的概念、内容、原则和意义

### 知识点1 学前艺术教育的概念

学前艺术教育是指教师有组织、有目的、有计划地借助艺术手段,依据美的规则对幼儿艺术活动进行适时适宜的干预和引导,使幼儿在愉悦的氛围中学会感受美、表现美,建立和遵守美的规则,发展美感,开启心智和创造意识的系统教育活动。

### 知识点2 学前艺术教育的内容

学前艺术教育是以美术、音乐为主线,将语言、舞蹈、美术、戏剧等元素结合起来,以启迪儿童心智、健全儿童人格,培养儿童创造能力、审美能力、协调能力、团队意识的教育活动。在学前艺术教育课程开展中,美术与音乐是两个最基本的要素。

### 知识点3 学前儿童艺术教育的原则 【论述】

→ 去(趣)创美餐(参)。

原则
- 审美性原则(在审美化的情境中培养学前儿童的美感)
- 兴趣性原则(激发儿童的兴趣,使其积极参与艺术活动)
- 创造性原则(营造艺术创造氛围,提供艺术创造的机会)
- 参与性原则(儿童能积极主动、全方位地参与到艺术活动中)

### 知识点4 学前艺术教育的意义

(1)促进幼儿感知能力的发展;

(2)促进幼儿创新能力的发展;

(3)促进幼儿人格的健全完善。

## 第二节　学前音乐教育概述

音乐作为一种独立的艺术具有以下特征：(1)声音的艺术；(2)听觉的艺术；(3)时间的艺术；(4)情感艺术。

### 知识点1　学前音乐教育的内涵

学前儿童音乐教育是音乐审美教育，它最根本的目的和任务首先应该是培养幼儿的音乐审美能力，充分发挥音乐教育的审美功能。音乐审美能力包括幼儿对音乐美的感受、表达和创造这三个方面的内容。

### 知识点2　学前音乐教育的特点　【单选】

(1)趣味性和游戏性；(2)想象性和创造性；(3)表现性和感染性；(4)技能性和综合性。

### 知识点3　学前音乐教育的方法　【判断】

(1)情境创设法；(2)示范模仿法；(3)节奏朗诵法；(4)直观提示法；(5)联想仿创法。

其中，联想仿创法是指引导幼儿根据音乐、歌曲、情境，通过联想、想象，富于创造性地表现和创造音乐的方法。比如，听音乐想象故事、编动作、画图等。

### 知识点4　学前音乐教育的内容　【单选、简答】

学前音乐教育活动可分为歌唱活动、韵律活动、打击乐演奏活动和音乐欣赏活动。

1. 歌唱活动

在幼儿的歌唱活动中，可以根据参加歌唱者的人数及合作、表演方式的不同，将歌唱的形式分为以下几种：

| 基本形式 | 含义 |
| --- | --- |
| 独唱 | 一个人独立地歌唱或独自表演唱 |

续表

| 基本形式 | 含义 |
|---|---|
| 齐唱 | 两个或两个以上的人在一起整齐地唱同一首歌曲 |
| 接唱 | 将一首歌曲分成几个乐句,由幼儿分组轮流一句句接唱 |
| 对唱 | 个人与个人、小组与小组之间以问答的方式各自唱歌曲中的问句和答句 |
| 领唱齐唱 | 由一个人(或几个人)唱歌曲中比较主要的部分,集体唱歌曲中配合的部分 |
| 轮唱 | 两个声部按一定间隔先后开始唱同一首歌曲 |
| 合唱 | 两个不同声部相配合的集体演唱形式 |

2.韵律活动

韵律活动是指伴随音乐运用身体动作进行艺术表现的活动,一般包括律动、舞蹈和音乐游戏三种类型。这里主要介绍律动。

律动是指在音乐伴奏下的韵律动作。它可以分为基本动作、模仿动作和舞蹈动作三种。

(1)基本动作

基本动作是指幼儿在反射动作的基础上发展起来的日常生活动作,如走、跑、跳、拍手、点头、屈膝、晃手等。

(2)模仿动作

模仿动作是指幼儿模仿特定事物的外在形态和运动状况所做的身体动作。大致有以下几方面的内容:

| 动物的动作 | 鸟飞、兔跳、鱼游等 |
|---|---|
| 自然界的现象 | 花开、风吹、下雨等 |
| 日常生活的动作 | 洗脸、梳头、照镜子等 |
| 成人劳动或活动的动作 | 摘果子、锄地、骑马、打枪等 |
| 幼儿游戏中的动作 | 坐跷跷板、拍皮球等 |

3~4岁儿童最感兴趣的是模仿动作。因为他们所关心的不是动作的本身，而是该动作所表现的熟悉事物。所以，在为4岁以前儿童选择韵律动作时，应以模仿动作为主。

（3）舞蹈动作

舞蹈动作是指经过多年文化积淀、已经基本程式化的艺术表演性动作。这类动作多数比较适合于5~6岁的儿童学习。

3. 打击乐演奏活动

打击乐器演奏活动是以身体大肌肉动作参与为主，运用一定的节奏和音色，通过打击乐操作来表现音乐的一种活动。它是幼儿表达音乐的一种最自然、最直接的工具，也是令幼儿感到快乐的活动。

4. 音乐欣赏活动

学前儿童音乐欣赏活动是让他们通过倾听音乐对作品进行感受、理解和初步鉴赏的一种审美活动。

### 知识点5　学前音乐教育的目标

1. 总目标

| 目标类型 / 活动类型 | 认知目标 | 情感与态度目标 | 操作技能目标 |
| --- | --- | --- | --- |
| 歌唱活动 | ①能记住歌曲名称；②正确地感知、理解歌曲中歌词、曲调所表达的内容、情感，并能用自然、美好的声音进行歌唱表现 | ①喜欢唱歌；②积极地体验参与歌唱活动的快乐以及追求用歌唱的方式与他人进行交往的快乐 | ①掌握一些最基本、最初步的歌唱技能，能够正确地咬字、吐字和呼吸；②能较自然地运用声音表情和身体动作表情；③能够在集体歌唱活动中控制和调节自己的声音使之与集体相协调 |

续表

| 目标类型<br>活动类型 | 认知目标 | 情感与态度目标 | 操作技能目标 |
|---|---|---|---|
| 韵律活动 | ①能够感知、理解韵律动作与音乐的关系，尝试进行创造性的动作表现；②能符合音乐的情绪要求以及音乐表现手段和表情来做动作 | ①喜欢参加韵律活动和音乐游戏；②积极体验参与韵律活动和音乐游戏的快乐；③主动地追求用身体动作探索、表达音乐以及与他人合作表演的乐趣 | ①能够较自如地运用和控制自己的身体动作；②能够掌握运用较简单的道具；③能够在合作性的韵律活动中运用动作和表情与他人交流、配合 |
| 打击乐演奏活动 | ①能够认识、辨别各种常用打击乐器及音色特点；②掌握一些简单的节奏类型；③了解有关打击乐器的一些基本知识；④能够理解指挥的手势含义并与指挥相配合 | ①喜欢参与打击乐演奏活动；②乐意探索乐器的不同演奏方法和尝试创造性的表现；③积极体验并享受与他人合作演奏的快乐 | ①熟练掌握一些常用打击乐器的演奏方法；②能够在集体的演奏活动中有意识地控制、调节自己奏出的音色，使其与集体的演奏相协调；③能够学习并掌握使用、整理和保护乐器的一些简单规则 |

续表

| 目标类型<br>活动类型 | 认知目标 | 情感与态度目标 | 操作技能目标 |
|---|---|---|---|
| 音乐欣赏活动 | ①能够感受、体验音乐欣赏作品所表达的内容和情绪；<br>②能够理解音乐作品最基本的表现手段；<br>③能够再认和区分已欣赏过的音乐作品 | ①乐意参与音乐欣赏活动，有积极的欣赏态度；<br>②体验并享受音乐欣赏过程的快乐 | ①初步学习运用文学、美术、韵律动作等各种艺术表现手段来表达自己对音乐作品的想象和情感体验；<br>②能够在音乐欣赏过程中尝试与同伴交流和配合，共同协作来表达对音乐的感受和理解 |

2. 年龄阶段目标 【单选】

（1）小班

| 歌唱活动 | ①学习用正确的姿势、自然的声音歌唱，并基本做到吐字清楚、唱准曲调和节奏；<br>②能跟着歌曲的前奏整齐地开始和结束；<br>③在有伴奏的情况下，能独立地、基本完整地唱熟悉的歌曲；<br>④能初步理解和表现歌曲的形象、内容和情感；<br>⑤在教师的帮助、引导下，能够为熟悉、短小、工整而多重复的简单歌曲增编新的歌词；<br>⑥喜欢自己歌唱，也喜欢与同伴一起歌唱，并能注意使自己的歌声与集体相一致 |
|---|---|

续表

| | |
|---|---|
| 韵律活动 | ①能跟随音乐的节奏做简单的基本动作和模仿动作；<br>②喜欢参加集体的韵律活动和音乐游戏；<br>③学习一些较简单的集体舞；<br>④初步尝试和体验用动作、表情和姿态与他人交流的方法和乐趣 |
| 打击乐演奏活动 | ①学习并掌握几种最常用的打击乐器的演奏方法；<br>②喜欢操弄打击乐器，喜欢参加集体的打击乐演奏活动；<br>③能够为简单、短小的二拍子和四拍子的歌曲、乐曲伴奏；<br>④初步学会识别指挥开始和结束演奏；<br>⑤了解并遵守集体的打击乐演奏活动中的一些基本规则，如乐器取放的恰当位置等 |
| 音乐欣赏活动 | ①能初步感受性质鲜明、结构短小的歌曲或有标题的器乐曲的形象、内容和情感，并产生一定的外部动作反应；<br>②喜欢倾听周围生活中的各种声音，并用自己喜欢的方式来表达；<br>③乐意参与集体的音乐欣赏活动，并积极尝试和体验音乐欣赏过程的快乐 |

(2) 中班

| | |
|---|---|
| 歌唱活动 | ①能用正确的姿势、自然的声音歌唱，并做到吐字清楚、唱准曲调和节奏；<br>②在有伴奏的情况下，能独立而完整地演唱，并初步学会接唱和对唱；<br>③在集体的歌唱活动中能够注意控制自己的音色，使自己的歌声与集体的声音相协调；<br>④能学习用不同的速度、力度和音色变化来表现歌曲的形象、内容和情感；<br>⑤能够为熟悉、短小、工整而多重复的简单歌曲增编新的歌词，并能尝试独立地将新编的歌词填入曲调中唱出；<br>⑥喜欢自己歌唱，也喜欢在集体中歌唱，并能大胆地、独立地在集体面前表演 |

续表

| | |
|---|---|
| 韵律活动 | ①能跟随音乐的节奏做简单的基本动作、模仿动作和舞蹈动作；<br>②喜欢参加集体的韵律活动和音乐游戏；<br>③学习一些基本的舞蹈动作和集体舞；<br>④享受并体验用动作、表情和姿态与他人交流的方法和乐趣，初步尝试用创造性的动作自发地随音乐自由舞蹈；<br>⑤能够在动作表演过程中学习使用一些简单的道具 |
| 打击乐演奏活动 | ①进一步学习并掌握一些打击乐器的演奏方法；<br>②喜欢操弄打击乐器，喜欢参加集体的打击乐演奏活动；<br>③能够用乐器为二拍子、三拍子、四拍子的歌曲和乐曲配不同的简单伴奏；<br>④进一步学会识别指挥开始、结束和变化演奏；<br>⑤能初步尝试部分地参与打击乐演奏配器方案的讨论；<br>⑥能较自觉地遵守集体的打击乐演奏活动中的一些常规，养成爱护乐器的态度和习惯 |
| 音乐欣赏活动 | ①能感受性质鲜明、结构短小的歌曲或器乐曲的形象、内容、情感，并产生一定的联想，用外部的动作加以反应；<br>②能初步了解并辨别进行曲、舞曲、摇篮曲等不同风格音乐的基本性质；<br>③喜欢倾听周围生活中的各种声音，并能大胆地用自己喜欢的方式来表达；<br>④乐意参与集体的音乐欣赏活动，并积极尝试和体验音乐欣赏过程的快乐；<br>⑤初步学习运用不同的艺术表演形式来表达对音乐的感受和理解 |

（3）大班

| | |
|---|---|
| 歌唱活动 | ①能用正确的姿势、自然美好的声音歌唱，并能正确地表现歌曲的节奏、旋律和歌词；<br>②在没有伴奏的情况下，也能独立而完整地演唱，并初步学会领唱、齐唱、轮唱和简单的两声部合唱；<br>③能用不同的速度、力度和音色变化来表现歌曲的形象、内容和情感，能注意到歌曲的字、词及乐句的变化，较恰当地表现不同性质、不同风格的歌曲的意境；<br>④能够为熟悉而多重复的歌曲增编新的歌词，并能即兴地、独立地将新编的歌词填入曲调中唱出；<br>⑤喜欢歌唱，能大胆地、独立地在集体面前进行歌唱表演，并能在集体中尝试用不同的合作表演形式歌唱 |
| 韵律活动 | ①能跟随音乐的节奏较准确地做各种稍复杂的基本动作、模仿动作和舞蹈动作组合；<br>②喜欢参加集体的韵律活动和音乐游戏，喜欢自发地随音乐自由舞蹈；<br>③进一步丰富舞蹈动作语汇，在掌握一些基本的舞蹈动作和集体舞的基础上，学习一些含有创造性成分的稍复杂的舞蹈组合；<br>④能够积极体验用动作、表情和姿态与他人交流的方法和乐趣，并在合作表演的过程中尝试用创造性的动作大胆、主动地表现；<br>⑤能够在动作表演过程中学习选择并较熟练地使用一些简单的道具 |
| 打击乐演奏活动 | ①进一步学习并掌握更多打击乐器的演奏方法；<br>②喜欢并积极参与集体的打击乐演奏活动，能部分地参与打击乐演奏配乐方案的设计；<br>③能正确地根据指挥的手势开始、结束和变化演奏； |

| | 续表 |
|---|---|
| 打击乐演奏活动 | ④能在集体的打击乐演奏中有意识地注意在音色、音量和表情上与集体相协调一致；<br>⑤能自觉地遵守集体的打击乐演奏活动中的一些常规，养成爱护乐器的态度和习惯 |
| 音乐欣赏活动 | ①能较准确地感受性质鲜明、结构适中的歌曲或器乐曲的形象、内容和情感，并产生一定的联想，用外部的动作加以反应；<br>②能进一步丰富并加深对进行曲、舞曲、摇篮曲等不同风格、不同性质的音乐的认识；<br>③喜欢倾听周围生活中的各种声音，并能用嗓音和动作等表现方式进行创造性的表达；<br>④能主动、积极地参与集体的音乐欣赏活动，享受并体验音乐欣赏过程的快乐；<br>⑤能够运用不同的艺术表演形式来大胆表达对音乐的感受和理解 |

## 第三节　学前音乐教育的基本理论

### 知识点1　达尔克罗兹音乐教育体系　【单选】

1. 达尔克罗兹音乐教育的主要思想

达尔克罗兹认为要进行音乐训练，只训练耳朵、嗓音、手指等是不够的，必须训练好人的体态、姿势及各种形体动作。单教儿童用手指弹奏乐器是不够的，首先必须启发他们进入产生乐曲的激情中，把乐曲的感情化为具体的动作、节奏和声音，以唤醒天生的本能，建立身心的和谐，促进多方面学习能力的提高。

## 2. 达尔克罗兹音乐教育体系的基本内容及方法

| 基本内容 | 方法 |
|---|---|
| 体态律动 | ①教师钢琴上的即兴演奏。<br>②儿童的律动语汇。它包括两种类型：一种是原地类型，如拍手、摇摆、转动、指挥、弯腰、旋转、唱歌等；另一种是空间类型，如走、跑、爬、跳、滑、蹦等。<br>③教师促使学生将身体运动与声音内在地结合在一起，发展他们内部听觉和运动觉的能力、动觉的想象与记忆等 |
| 视唱练耳 | 将耳、口与身体，并加上语言与歌唱等形式作为理想的学习工具 |
| 即兴创作 | 即兴创作的手段包括律动、言语、故事、歌唱及各种不同的乐器，可以引导儿童使用律动材料（节奏）和声音材料（音高、音阶等）来即兴创造音乐 |

## 3. 达尔克罗兹音乐教学法的主要特点

（1）立足于听（音乐），而且是以教师的即兴伴奏为主；

（2）要求学生把身体各器官作为乐器，把所听到的音乐再现出来；

（3）教学方式主要是游戏；

（4）教师的音乐造诣、随时发现问题并及时诱导等各方面的"即兴能力"，直接关系到教学的效果；

（5）学生不论音乐基础高低，年龄大小，小至三岁儿童，大至音乐学院的学生及专业演员、舞蹈家，都适合上这种课。

## 知识点2 柯达伊音乐教育体系的主要内容

主要内容
- 音乐教育应该从幼儿园开始
- 以歌唱教学为主要教学内容
- 以"儿童自然发展法"作为课程安排的重要依据
- 以首调唱名法、节奏唱名和柯尔文手势为基本教学工具
- 创建自成特色的教材体系

## 知识点3 奥尔夫音乐教育体系的基本内容

| "元素性"音乐教育 | 儿童音乐教育应该从"元素性"音乐教育入手,它是奥尔夫音乐教育体系的基本核心 |
|---|---|
| "节奏第一" | 音乐构成的第一要素是节奏而不是旋律 |
| 课程内容 | 嗓音造型、动作造型和声音造型 |
| 教学组织形式及方法 | ①组织形式是集体教学和综合教学;<br>②方法是"引导创作法" |
| 教材和教具 | ①教材:五卷本的《学校音乐》,其内容主要来自德国的儿童游戏、童谣和民歌<br>②教学工具是奥尔夫乐器 |

## 知识点4 铃木音乐教育体系的基本思想

基本思想：
- 给儿童创造一个学习音乐的良好环境
- 激发儿童的兴趣
- 提倡坚持不懈、持之以恒的练习
- 注重倾听习惯和技能的培养
- 提倡"教学六步"：接触 → 模仿 → 鼓励 → 重复 → 增加 → 完善

## 知识点5 综合音乐感教育体系

"综合音乐感"即"综合音乐素质",是对儿童进行音高、力度、音色、节奏、曲式等方面素质的综合培养。

综合音乐感：
- 力度:强弱的听辨能力的培养
- 音高:不定音高及相对音高的听辨能力的培养
- 节奏:拍率能力的培养
- 音色:选择能力的培养
- 曲式:全面的听觉方面的设计以及能听出曲子的结构

## 第四节 学前儿童音乐能力的发展

### 知识点1 音乐能力的内涵

所谓音乐能力,是指个体从事音乐实践活动的本领。它包括从事演唱、演奏、音乐欣赏、音乐创作等方面活动的本领,具体表现为音乐感受力、音乐理解力、音乐表现力和音乐创造力等,其中感受力是其他各种能力的基础。

### 知识点2 学前儿童歌唱能力的发展 【单选】

1. 幼儿歌曲学习的一般过程

幼儿掌握一首歌曲有一个渐进的过程:首先学会歌词,然后学会节奏,最后学会旋律轮廓和音程。这个过程具体可以描述为以下四个阶段:

掌握歌词阶段→掌握节奏阶段→大致掌握音高轮廓阶段→初具调性感阶段。

2. 3~4岁儿童歌唱能力的发展

| 歌词 | 能够完整地掌握比较简短的句子或较长歌曲中的相对完整的片段 |
|---|---|
| 音域 | 一般为$c^1$~$a^1$,其中唱起来最舒服、最轻松的是在$d^1$~$g^1$之间 |
| 旋律 | 儿童存在差异性和不精确性,最明显的表现是"走音"现象 |
| 节奏 | 基本上能做到比较合拍地歌唱,尤其是对与走步、跑步、心跳、呼吸等相协调的节奏 |
| 呼吸 | 往往不能根据乐句的需要来换气 |
| 其他 | 对已经熟悉和理解的歌曲,以速度、力度、音色等较明显的变化来表现歌曲 |

3. 4~5岁儿童歌唱能力的发展

| 歌词 | 能比较完整、准确地再现熟悉的歌曲中的歌词,而且对歌词的听辨、理解、记忆和再认能力有了很大的提高 |
|---|---|
| 音域 | 可以达到$c^1$~$b^1$(即C调的1~7) |

续表

| 旋律 | 在乐器或录音的伴奏下,大多数儿童能基本唱准旋律适宜的歌曲 |
|---|---|
| 节奏 | 掌握了四分音符、八分音符的歌曲节奏,还能够比较准确地再现二分音符的节奏,甚至带附点的节奏 |
| 呼吸 | 一般都能够在教师的指导下学会按乐句和情绪的要求换气,中断句子、中断词意的换气现象有明显的改变 |
| 其他 | 能够比较细致地表达出歌曲在力度、速度等方面的变化 |

4. 5~6岁儿童歌唱能力的发展

| 歌词 | 能记住更长、更复杂的歌词,对词义的理解能力也进一步提高 |
|---|---|
| 音域 | 歌唱的音域基本上可以达到 $c^1 \sim c^2$,个别儿童甚至更宽 |
| 旋律 | 能容易地掌握小三度、大三度、纯四度、纯五度音程,比较准确地唱出旋律的音高 |
| 节奏 | 不但能准确地表现四二拍和四四拍的歌曲节奏,而且能够较好地掌握带附点的节奏和切分节奏歌曲的演唱 |
| 呼吸 | 能够按乐曲的情绪要求较自然地换气,歌唱的音量有了明显的提高 |
| 其他 | ①能较好地唱出顿音、跳音、保持音及连音;<br>②创编歌词、创编即兴小曲的能力得到了进一步提高 |

**知识扩展**

学前儿童在歌唱活动中最难掌握的技能

音准是学前儿童在歌唱活动中最难掌握的技能,一个持续了3年的研究的结果表明:在学前阶段,儿童最容易掌握的是歌词,节奏次之,速度第三,呼吸第四,最难掌握的是音准。

### 知识点3　学前儿童韵律活动能力的发展

1. 3~4岁儿童韵律活动能力的发展

| 动作发展 | 对幅度较大的上肢动作易于掌握,对下肢肌肉力量及弹性要求不是太高的单纯移动动作较易掌握 |
|---|---|

续表

| 随乐能力 | 3岁初期，儿童听到喜爱或熟悉的音乐时，往往会自发地跟着音乐踏脚、拍手，但这种身体动作并不能做到完全合拍 |
|---|---|
| 合作协调与创造性 | 动作表现往往是以自我为中心的，还不善于运用动作与同伴配合、交流、共享。但他们在动作的创造性表现方面有了初步的意识和发展 |

2. 4~5岁儿童韵律活动能力的发展

| 动作发展 | 身体大动作及手臂动作得到了很好的发展，且走、跑、跳的下肢动作也逐步得到提高，能够比较自由地做一些连续的移动动作，而且平衡能力及动作的控制能力有所加强，上下肢联合的复合动作也逐步地发展起来了 |
|---|---|
| 随乐能力 | 能够合拍地跟着音乐节奏做动作，而且与音乐相协调的动作显得更为自如，其节奏的均匀性、稳定性也更加明显。能够在同一首音乐的转换处以不同的动作节奏加以表现 |
| 合作协调与创造性 | 有一定的合作协调能力，开始注意运用动作与同伴进行合作、交流。在创造性表现方面，他们开始尝试用一些基本的舞蹈语汇来进行简单的创编 |

3. 5~6岁儿童韵律活动能力的发展

| 动作发展 | 动作进一步分化且更精细，既能做复杂的上下肢配合的联合动作，又能做一些手指、手腕的精细动作；同时他们对动作的自控能力更强 |
|---|---|
| 随乐能力 | 随乐性水平有了更明显的提高。这不仅表现在能够自如地、熟练地表现音乐的节奏、节拍，而且能对比较复杂的节奏做出反应，如附点节奏及切分节奏、三拍子的节奏等 |
| 合作协调与创造性 | 开始主动追求与同伴一起参与韵律活动的快乐。能够用动作、表情和眼神学会与同伴交流、合作，同时更多地发挥出自身用动作语汇创造性表现音乐的积极性 |

## 知识点4　学前儿童打击乐演奏能力的发展

**1. 3~4岁儿童打击乐演奏能力的发展**

| | |
|---|---|
| 乐器操作能力 | 一般能学会较简单的演奏技能，对乐器的操作能力、探究能力受小肌肉发育的影响 |
| 随乐能力 | 儿童获得的演奏经验是有限的、零碎的，而且其随乐意识较差，所以部分孩子往往只陶醉于摆弄乐器而游离于音乐之外，抛弃了演奏的要求 |
| 合作协调与创造性 | 体会集体奏乐活动中各声部之间的相互配合和协调有一定的困难，但这一年龄阶段的儿童已早早地表现出奏乐活动中初步的创造性表现 |

**2. 4~5岁儿童打击乐演奏能力的发展**

| | |
|---|---|
| 乐器操作能力 | 不仅能模仿成人(如教师)的演奏方法，并且开始探索同一种乐器的不同演奏方法，还能掌握演奏技巧稍高的一类打击乐器 |
| 随乐能力 | 大多数儿童能够基本合拍地随音乐演奏(四二拍、四四拍或四三拍) |
| 合作协调与创造性 | 不仅能够与同伴同时开始和同时结束演奏，而且能在2~3个不同声部的演奏配合中处理好自己声部与其他声部之间的协调关系。儿童能够在教师的提示、引导下，用一些基本的节奏型语汇来创造性地表达音乐 |

**3. 5~6岁儿童打击乐演奏能力的发展**

| | |
|---|---|
| 乐器操作能力 | 使用和掌握的打击乐器种类更多，能力也更强。他们也更注意调整自己的演奏方式和用力方法，有意识地适当控制音量和音色 |
| 随乐能力 | 能够更多地关注到演奏活动的"背景"——音乐，能始终与音乐的节奏、节拍相一致，同时对音乐节奏的表现能力更强。能够比较准确地演奏有附点节奏和切分节奏的曲子及结构相对复杂的歌曲，且努力使自己的演奏与音乐的速度、力度等表现手段相一致 |

续表

| 合作协调与创造性 | 能够在较多声部的合奏过程中主动地调节好自己声部与其他声部间在节奏、音色、速度、力度上的合作要求,不仅能准确地演奏自己的声部,而且也能主动地关注整体效果。在创造性方面,他们表现得更为主动和积极 |
|---|---|

## 知识点5　学前儿童音乐欣赏能力的发展

| 3~4岁 | 4~5岁 | 5~6岁 |
|---|---|---|
| 总是以他们的表情、动作或语言来对音乐做出相应的反应 | ①创造性表现能力不断增强;②基本上会用比较自由、多样的手段对音乐进行创造性的表现 | ①创造性表现的意识更加积极、主动,形式更加丰富多样;②创造性表现的成果也更为显著 |

# 第五节　学前音乐教育活动的设计与指导

## 知识点1　学前音乐教育活动的设计原则

原则 { 发展性 主体性 审美性 整合性 } ⟶ 审核(合)竹(主)筏(发)。

## 知识点2　学前儿童歌唱活动的设计与指导【单选】

| 设计步骤 | | 指导要点 |
|---|---|---|
| 新授歌曲 | 新歌导入和范唱 | ①动作导入、故事讲述导入、具体实物或教具导入、游戏导入、韵律导入、创编歌词导入、副歌前置导入。②教师在范唱时应注意:首先要有正确唱歌技巧,其次应注意面对幼儿范唱。多种方式重复范唱,也可让幼儿适当欣赏录音范唱 |

续表

| 设计步骤 | | 指导要点 |
|---|---|---|
| 新授歌曲 | 帮助幼儿理解、记忆歌词 | 可用直观教具提示法、节奏朗诵法、填充提问法、逻辑提问法帮助幼儿理解和记忆歌曲内容 |
| | 教唱新歌 | 主要有分句教唱法和整体教唱法两种。由完全小节开始，乐句结构划分清楚，相对来说比较长的歌曲，较为适合采用分句教唱法。一些结构短小、内容紧凑、形象集中、音乐表现手法相对单一的歌曲可以采用整体教唱法 |
| 复习歌曲 | | 组织形式有全体唱、部分幼儿唱和单独唱。复习方法有表演唱、分组唱、分句接唱、边唱边打节奏等 |
| 创造性歌唱活动 | | 活动形式一般有以下四种：①可以为歌曲内容创编动作；②可以为歌曲填编歌词；③可以为歌曲创编伴奏；④可以为歌曲创编丰富的演唱形式 |

**知识扩展**

幼儿园歌唱材料的选择

幼儿的歌唱材料主要是歌曲，歌曲是由歌词和曲调两部分组成的，因此为幼儿选择歌曲必须考虑歌词和曲调两个方面。

1. 歌词的选择

（1）歌词形象生动易于幼儿理解；

（2）歌词内容富有美感且有教育意义；

（3）结构简单多重复的歌词利于幼儿的理解、记忆与创编；

（4）歌词内容易于用动作表现。

2. 曲调的选择

（1）音域不宜太宽。歌曲曲调的选择首先应当考虑的是音域。音域是指一首歌曲中最低音到最高音的范围。为幼儿选择的歌曲音域不宜太宽。

(2)速度适中。

(3)节奏较简单。

(4)旋律较平稳。

(5)结构较短小工整。

(6)词曲关系简单。

### 知识点3　学前儿童韵律活动的设计与指导

学前儿童韵律活动包括律动、舞蹈、音乐游戏三种类型。各类型活动的设计步骤与指导要点如下所述：

1. 律动活动

| 设计步骤 | 指导要点 |
| --- | --- |
| 观察讨论导入 | 教师要充分利用实物、影视或图片导入。还可选择故事导入、复习歌曲导入、游戏导入，导入的方式可以根据活动内容的具体需要来确定 |
| 熟悉音乐，创编动作 | 教师可以引导幼儿一边倾听音乐，一边进行联想，将肢体动作、音乐与观察进行匹配 |
| 相互观摩学习 | 请幼儿表达自己的想法并表演自己创造的动作形象，幼儿之间也可以相互借鉴、相互学习 |
| 匹配音乐进行表演活动 | 教师可以从幼儿创编的零散动作中，进行提炼加工，组成一组或几组与音乐吻合的完整的律动动作，并带领幼儿完整表演 |
| 游戏复习巩固 | 教师可以创设一个有一定情节、趣味性较强的游戏环节，引导幼儿边玩游戏边复习巩固律动动作 |

2. 舞蹈活动

| 设计步骤 | 指导要点 |
| --- | --- |
| 完整欣赏舞蹈导入 | 教师在舞蹈教学之前，充分利用影视资料，引导幼儿观看欣赏，让幼儿对舞蹈的风格特点有一个完整的印象和了解 |

续表

| 设计步骤 | 指导要点 |
| --- | --- |
| 教师完整示范 | 教师示范的动作要合拍、准确、优美,有较强的表现力。可以进行多次示范,以便幼儿更仔细地感受和理解 |
| 分解动作学习练习 | 可将上肢动作和舞步分开,教上肢动作或舞步时,教师进行逐个动作示范 |
| 完整合乐表演 | 在幼儿初步掌握的基础上,教师组织幼儿完整合乐进行表演,刚开始教师要带领幼儿练习,待幼儿比较熟练后可以分小组进行表演交流 |

3. 音乐游戏活动

| 设计步骤 | 指导要点 |
| --- | --- |
| 熟悉音乐,理解音乐的性质 | 在倾听时可以引导幼儿讨论A段音乐发生了什么事情,有什么动物出现,做了些什么。B段音乐又发生什么事情,有谁出现,做了什么,最后怎样。按情节的发展变化引导幼儿理解音乐 |
| 学习游戏角色动作,分段表演 | 教师带领幼儿分别扮演学习游戏中各角色的动作,也可以引导幼儿自由创编新的动作形象。待幼儿初步掌握后,教师可以用哼唱的形式组织幼儿分段表演 |
| 交代游戏规则 | 交代规则环节不可忽略,也是成功进行游戏的条件,教师最好以简短的形式进行强调 |
| 带领幼儿游戏 | 幼儿游戏可以多遍进行,教师必须观察幼儿游戏进行时出现的问题 |

### 知识点4 学前儿童打击乐演奏活动的设计与指导

学前儿童打击乐演奏活动包括新授打击乐演奏活动、复习打击乐演奏活动、创造性的打击乐演奏活动三个环节。

1. 新授打击乐演奏活动

(1) 打击乐演奏活动导入设计

根据音乐的不同性质、风格、表现不同的形象来确定导入的方法。打击乐导入的方法很多，可以采用图谱导入、动作总谱导入或语音总谱导入，也可以组织幼儿创编节奏型导入等等。

(2) 运用变通总谱或辅助材料，帮助幼儿学习不同的节奏型

为了让幼儿的学习多样化、趣味化，也可以借助变通总谱从动作、图形总谱逐一练习，变通总谱的应用可以避免分组练习等待的状况，增加幼儿学习的趣味，使幼儿全身心参与活动。

(3) 熟悉音乐，同步徒手练习不同的节奏型

在打击乐活动中，音乐是指挥棒，幼儿理解熟悉音乐非常关键，教师要运用各种方法帮助幼儿熟悉、感受、理解音乐的内容、情绪、性质、风格、曲式结构及节奏、节拍、旋律等基本要素。

(4) 分声部徒手合乐练习

分了声部，幼儿必须按声部的节奏进行匹配，教师可以一边用指挥手势一边用哼唱的方法去顺应幼儿，速度可以稍慢些，待幼儿比较熟练后再用正常速度合乐练习。

(5) 分声部持乐器完整演奏

持乐器演奏前要教幼儿记住乐器的名称，辨认乐器的外形特征和音色特点，掌握乐器的使用方法。要求幼儿必须认真倾听音乐，看老师的指挥，还要注意倾听演奏的音响效果，尽力要求演奏整齐划一，协调优美。

2. 复习打击乐演奏活动

复习的形式要多样化，教师组织幼儿复习可以针对存在的问题进行纠正，也可以尝试相互更换乐器进行演奏，同时可以与表演相结合，也可以邀请幼儿参与指挥等。

3. 创造性的打击乐演奏活动

教师可以组织幼儿进行系列的创编活动,探讨音乐、乐器与生活声音的匹配,探讨乐器的不同使用方法等。

## 知识点5　学前儿童音乐欣赏活动的设计与指导

常见的音乐欣赏活动包括歌曲欣赏活动、器乐曲欣赏活动和舞蹈欣赏活动三种类型。各类型活动的设计步骤与指导要点如下所述:

1. 歌曲欣赏活动

| 设计步骤 | 指导要点 |
| --- | --- |
| 导入 | 完整倾听音乐或教师演唱导入,也可以以谈话、故事、儿歌等其他方式导入 |
| 理解歌词内容 | 出示相关直观教具,帮助幼儿理解歌词内容 |
| 感受歌曲的演唱形式 | 该歌曲是男声还是女声演唱,是独唱还是合唱 |
| 创编动作 | 与幼儿探讨歌词可以用什么样的动作来表现,引导幼儿创编动作 |
| 边听歌曲边完整表演 | 教师可以与幼儿一起根据创编的动作进行表演 |

2. 器乐曲欣赏活动

| 设计步骤 | 指导要点 |
| --- | --- |
| 完整欣赏音乐导入 | 让幼儿初步了解作品的主要内容和情绪性质,并向其介绍作品的名称 |
| 深入理解感受作品 | 在说说、做做、画画、想想、玩玩的各种活动中反复欣赏理解音乐作品 |
| 分段欣赏 | ①一般按乐曲的结构逐段欣赏;<br>②引导幼儿倾听音乐作品由什么乐器演奏,用了何种表现手法;<br>③运用视觉材料帮助幼儿分辨音乐作品的曲式结构 |
| 以游戏或表演的形式完整欣赏 | 运用游戏、表演引导幼儿反复倾听、感受、理解音乐 |

3. 舞蹈欣赏活动

| 设计步骤 | 指导要点 |
| --- | --- |
| 完整欣赏舞蹈 | 组织幼儿观看录像或教师表演,对舞蹈有初步的印象 |
| 探讨舞蹈中的服饰 | 引导幼儿观察服饰的花纹,了解各民族人民的生活习惯 |
| 探讨舞蹈动作表现的内容 | ①引导幼儿再次欣赏舞蹈,注意观察动作表现了什么内容。<br>②组织幼儿讨论自己喜欢的动作,并尝试模仿表演 |
| 跟着教师完整表演 | 组织幼儿完整欣赏音乐,并跟随音乐表演 |

# 第六节 学前音乐教育活动的评价

| | |
| --- | --- |
| 活动目标的评价 | ①与音乐教育的总目标、年龄阶段目标以及单元目标是否有紧密的联系;<br>②是否涵盖了认知、情感与态度、操作技能等方面的要求;<br>③是否与儿童的实际情况相适应 |
| 活动内容的评价 | ①是否与音乐教育目标相一致;是否与音乐教育所涉及的范围、领域相一致;是否与儿童的能力发展水平相一致。<br>②音乐材料本身的审美性和艺术性 |
| 活动方法的评价 | ①是否与活动的目标和内容相呼应;<br>②是否顾及了儿童的年龄特点和接受水平;<br>③是否强调并体现了儿童的自主性和主体性;<br>④是否与音乐活动环境和有关设备相联系 |
| 活动过程的评价 | ①教师的行为;<br>②活动中教师与儿童的互动情况;<br>③活动的组织形式;<br>④活动的结构安排 |

续表

| | |
|---|---|
| 活动环境和材料的评价 | ①是否能体现音乐教育活动目标的达成和与音乐活动内容相适应；<br>②是否能适合儿童的实际需要和操作能力；<br>③是否适用于音乐活动的展开；<br>④是否得到最大限度的开发和利用 |
| 活动效果的评价 | ①参与情况和学习态度；<br>②情绪情感反应；<br>③儿童对活动预期目标的达成情况 |

## 第七节 学前美术教育概述

### 知识点1 学前美术教育的内涵

学前儿童美术教育是指教师按照学前儿童身心发展的规律，有目的、有计划地引导儿童用各种笔、纸等工具和材料，运用线条、造型、色彩、构图等艺术语言创造出视觉形象，培养其美术审美能力和美术创作能力，最终促进其人格和谐发展的一种审美教育。

学前美术教育的重点应是创造性思维的培养，而不是技能的传授。通过绘画、手工操作指导幼儿如何思考远比知识技能的传授更重要。

### 知识点2 学前美术教育的内容 【单选】

学前美术教育的内容一般可分为绘画、手工、美术欣赏三大方面。

| 类别 | 具体内容 |
|---|---|
| 绘画教育 | ①绘画工具和材料的认识和使用；<br>②学习用线条、形状、色彩构图来表现自己的生活感受和想象；<br>③学习正确的绘画姿态、握笔方法和集中注意力完成作品等良好的绘画习惯 |

续表

| 类别 | 具体内容 |
|---|---|
| 手工教育 | ①学习多种手工工具和材料的使用方法；<br>②学习塑造和制作不同形态的手工制品来表现自己的意愿，美化生活；<br>③学习锻炼手工动作的协调和灵巧；<br>④学习干净、整洁、有序等良好的手工活动习惯 |
| 美术欣赏教育 | ①学习欣赏幼儿可理解的各种美术作品、自然景物和周围环境的造型、色彩、构图，以及所表现的对称、均衡等形式美；<br>②学习欣赏幼儿可理解的各种美术作品、自然景物和周围环境的内容美；<br>③学习用语言、动作、表情等表达自己的审美感受；<br>④了解作品的背景知识；<br>⑤逐步养成集中注意力观察、欣赏的良好习惯 |

## 知识点3　学前美术教育的年龄阶段目标

1. 绘画活动

| 年龄段 | 目标 |
|---|---|
| 小班 | ①参加绘画活动，体验绘画活动的快乐，培养他们对绘画活动的兴趣，并养成大胆作画的习惯。<br>②认识油画棒、蜡笔、水彩笔、水粉画笔和纸等绘画工具和材料，掌握其基本使用方法，养成正确的握笔方法和作画姿态。<br>③学会画线条（直线、曲线、折线）和简单形状（圆形、方形等），并用于表现日常生活中熟悉的、简单物体的轮廓特征。<br>④学会认识红、黄、蓝、橙、绿、棕、黑、白等颜色并选用多种颜色作画。<br>⑤学习区分并尝试画出主体色和背景色，培养他们对使用颜色的兴趣。<br>⑥学会在画面的中心位置安排主要形象，并把它画大些 |

续表

| 年龄段 | 目标 |
|---|---|
| 中班 | ①在小班的基础上进一步学习多种绘画方法(如蜡笔画、水粉画、水墨画等),体验绘画的快乐。<br>②学习用各种线条表现感受过的物体的基本结构和主要特征。<br>③学习认识12种颜色并学会辨别同种色的深、浅,学习用较丰富的颜色作画。<br>④初步学习在画面上安排物体的上下、左右关系。<br>⑤学习在规则的形纸和生活用品纸形上用简单的花纹进行装饰 |
| 大班 | ①学习利用多种绘画工具和材料,运用不同技法表现自己独特的思想和感受,体验创作的快乐。<br>②学习完整地表现感受过的或想象中的物体的动态结构和简单情节。<br>③学习深浅、冷暖颜色的搭配,并初步学习根据画面的需要,恰当地使用颜色表现自己的情感。<br>④学习表现前后、远近等简单的空间关系及主体与背景的关系。<br>⑤学习在各种几何形纸和生活用品纸形上,用一些简单的、具有民族特色的花纹有规律地进行装饰 |

2. 手工活动

| 年龄段 | 目标 |
|---|---|
| 小班 | ①参加手工活动,体验手工活动的快乐,培养他们手工活动的兴趣并愿意尝试各种手工工具和材料<br>②学习用糨糊、胶水等粘贴沙子、种子等点状材料。<br>③体验泥的可塑性,学习用搓、捏圆、压扁、粘合的方法塑造简单的立体物象 |

续表

| 年龄段 | 目标 |
| --- | --- |
| 中班 | ①正确使用多种手工工具和材料,使他们喜爱各种手工活动。<br>②用比小班丰富、复杂的点状材料粘贴出简单的物象。<br>③学习用纸折出、剪贴出简单的物象。<br>④学习用捏的方法塑造简单的立体物象,并能用泥塑造平面的物象。<br>⑤初步学习用其他点状、线状、面装和块状的自然物和废旧材料制作玩具 |
| 大班 | ①较熟练地使用和选择手工工具和材料,创造性地表现自己的意愿。<br>②学习用多种点状材料拼贴物象,表现简单的情节。<br>③学习用多种技法将纸折出物体的各个部分,组合成整体物象。<br>④学习用目测的方法将纸等面状材料分块剪、折叠剪来拼贴平面的物象或制作立体的物象。<br>⑤学习用伸拉的方法并配合其他泥工技法塑造结构较复杂的物象,表现主要特征和简单细节。<br>⑥综合运用各种工具、材料和技法制作教具、玩具、礼品、服饰、道具等布置环境,并注意装饰美 |

3. 美术欣赏活动

| 年龄段 | 目标 |
| --- | --- |
| 小班 | ①参加美术欣赏活动,体验美术欣赏活动的快乐,培养他们集中注意力欣赏的习惯。<br>②欣赏具有鲜明色彩和简单造型的物品和美术作品,使他们能对这类形象感兴趣。<br>③欣赏同伴的美术作品 |

续表

| 年龄段 | 目标 |
|---|---|
| 中班 | ①欣赏和理解与他们生活经验有关的成人美术作品、同伴美术作品、日常生活用品,以及自然环境、节日装饰、环境布置等,产生与作品相一致的感觉和情感,培养幼儿对美好事物的关注力。<br>②欣赏并初步理解作品形象和作品主题的意义,使其知道美术作品能反映现实生活和人的思想感情。<br>③初步欣赏并感受作品中形象的造型美、色彩的变化与统一美、构图的对称与均衡美 |
| 大班 | ①学习欣赏感兴趣的绘画、工艺、雕塑、建筑等艺术作品,培养他们初步发现周围环境和美术作品中美的能力。<br>②了解作品简单的背景知识,进一步感受和理解作品的形象和主题意义,知道美术作品如何反映现实生活和人的思想感情。<br>③欣赏并感受作品中形象的造型美、色彩的色调及其情感表现性、构图的对称、均衡、韵律与和谐美。<br>④积极主动参与美术欣赏活动,学习用语言、动作、表情等表达自己对作品的感受和联想 |

### 知识点4  学前美术教育的原则 【单选、判断】

| 审美性原则 | 把握好儿童的审美特点,无论是教学目标的制定、教学内容的选择,还是教学的实施都应注意审美性 |
|---|---|
| 发展性原则 | ①内容要符合学前儿童的发展水平;②要着眼于儿童未来的发展 |
| 因材施教原则 | 根据儿童的美术基础和接受能力,有的放矢地进行有区别的教学,使每个儿童都能在自己原有的基础上得到最大限度的发展 |
| 创造性原则 | 充分发挥学前儿童的创造性,以学前儿童创造意识、创造力和创造个性的培养为主要目标 |

续表

| | |
|---|---|
| 兴趣性原则 | 要注意萌发学前儿童浓厚的学习兴趣,以调动他们学习的积极性 |
| 实践性原则 | 引导儿童积极参与美术实践,在实践中发展和培养他们的美术能力与兴趣 |

### 知识点5　学前美术教育的方法

| | |
|---|---|
| 感知欣赏法 | 教师通过艺术性语言的描述,引导儿童运用多种感官观察、感知艺术作品和周围环境中事物的造型、结构、色彩、运动模式等审美特征,提高其敏锐的审美感知能力和深刻的审美体验能力的方法 |
| 示范和范例法 | 示范是教师把美术过程中的难点、重点直接操作给儿童看;范例是提供儿童观察欣赏的直观教具,可以是教师的范画,也可以是实物、照片、图片、图书等 |
| 游戏练习法 | 通过游戏的形式,让儿童在愉快、积极的状态下习得美术技能,把视觉形象改变为视觉—运动形象,提高手眼协调能力,培养儿童对美术活动兴趣的方法 |
| 线索启迪法 | 教师提供某种刺激,激活儿童的思路,唤醒他们沉睡的经验,进入美术创造的思考过程的方法 |

## 第八节　学前美术教育的基本理论

### 知识点1　西方近代儿童美术教育

在近代儿童美术教育的历史上,为学前儿童美术教育做出突出贡献的教育家应首推裴斯泰洛齐和福禄贝尔。

| 代表人物 | 主要观点 |
|---|---|
| 裴斯泰洛齐 | 绘画、制作模型、绘制地图、采集标本等与美术有关的内容,强调直观的作用 |

续表

| 代表人物 | 主要观点 |
|---|---|
| 福禄贝尔 | 教育内容包括：发展外部感觉、数学、自然、语言、绘画、唱歌、泥工等 |

### 知识点2 陈鹤琴关于我国学前美术教育的主要观点

1. 把儿童绘画的发展分为四个时期

四个时期
- 涂鸦期(1~2岁)：波形图、乱丝图、圆形图
- 象征期(2~3岁)：普遍性的象征阶段；类别性的象征阶段；个别性的象征阶段
- 定型期(3~7岁)：从简单到复杂、有时间、空间观念
- 写实期(7岁以后)：能以绘画技术反映客观现实

2. 对陈一鸣的绘画发展过程做出了概括性总结

(1)儿童画是了解儿童心理发展的良好资料；

(2)儿童的图画发展体现了由量变到质变的过程；

(3)儿童先会画线，后会画圆，然后才会画点；

(4)儿童绘画技能的增进落后于他的感知认识；

(5)儿童图画反映了对他印象最深的客观现实；

(6)儿童绘画技能与他的生活经验和教育实践是分不开的；

(7)对完形心理学以唯心的观点来解释知觉的固定性的意见。

## 第九节 学前儿童美术能力的发展

### 知识点1 学前儿童绘画能力的发展阶段与特点 【单选、多选】

我们一般将儿童绘画能力的发展分为四个阶段：涂鸦期、象征期、图式期和写实期。其中涂鸦期、象征期、图式期三个阶段存在于学前儿童绘画能力的发展过程中。

1. 涂鸦期

| 年龄范围 | 1.5~3岁 |
| --- | --- |
| 阶段含义 | 儿童从单纯的肌肉运动,转变为对图画的想象、思考阶段 |
| 表现特征 | 从不能控制画笔和所画出的线条,到能手眼配合初步的控制。涂鸦期又分为无意涂鸦、控制涂鸦、命名涂鸦三个阶段 |
| 指导建议 | ①要鼓励儿童进行涂鸦,不可因其画得不像真实的对象而横加指责;<br>②为他们布置一个安全的涂鸦环境,提供涂鸦用的工具和材料;<br>③要对儿童的涂鸦进行指导 |

2. 象征期

| 年龄范围 | 3~5岁 |
| --- | --- |
| 阶段含义 | 儿童开始有目的地创造形体,用自己的样式符号来尝试表现物体的阶段 |
| 表现特征 | ①造型:所画的图像仅仅是简单几何形体与线条的组合,只具备了物体的基本部分;<br>②色彩:他们比较喜爱红色、黄色等波长较长的温暖色,而不太喜爱蓝色、紫色等波长较短的冷色;<br>③构图:儿童在画面上所画的形象较多,不太注意物体之间的大小关系,但已经开始试图表现物体之间的空间关系;<br>④构思:儿童在美术创作中的构思是不稳定的 |
| 指导建议 | ①对于儿童的作品,要尽量用探究、了解的态度去欣赏与解读;<br>②提供适当的材料;<br>③运用游戏等形式进行简单绘图技能的练习;<br>④激发儿童以美术语言表达、表现的兴趣与愿望;<br>⑤在生活中以更为丰富的艺术内容来熏陶、培养儿童对视觉艺术的感觉与热爱 |

**知识拓展**

画面构思过程不稳定 ⎰ 动笔后构思
　　　　　　　　　　⎱ 事先构思和随意涂画穿插
　　　　　　　　　　  绘画内容转移
　　　　　　　　　　  形象含义易变
　　　　　　　　　　  易受他人影响

### 3. 图式期（概念画期或形象期）

| | |
|---|---|
| 年龄范围 | 5~8岁 |
| 阶段含义 | 儿童逐渐形成并发展绘画表现的"样式"的阶段 |
| 表现特征 | ①造型：强调对称、垂直；<br>②色彩：儿童对色彩的感受力提高得很快，对色彩运用的情感范围渐渐扩大，对更多的色彩有了情感反应；<br>③构图：儿童开始注意到大小比例，但分寸掌握较差，经常会将人与动物画得一样大，难以处理近大远小的空间关系；<br>④构思：儿童逐渐尝试表现作品的情节或事件，有了明确的构思 |
| 指导建议 | ①用童心加赞美来观察与评价幼儿的作品与表达；<br>②可以适当地使用各种材料、技法增强儿童的表现热情，丰富画面效果；<br>③通过亲历和学习来丰富儿童的经验；<br>④选择适宜的刺激题材，使儿童有强烈的表现动机；<br>⑤可通过儿童的画，来了解儿童的生活经历与思考 |

> 知识拓展
>
> 图式期的绘画能力表现
> ① 拟人化：儿童的画中，人的特征表现在各个事物上
> ② 透明式：X光式的表现
> ③ 展开式：把从多个角度观察的结果，组合在一张画中
> ④ 强调式：强调表现某意图，不会顾及画中形象的大小、比例、内容等是否合理
> ⑤ 装饰性：经常会以色彩、线条、图形等在画面上进行装饰性的描画
> ⑥ 美梦式：将现实中无法实现的愿望寄托于画中

4. 写实期

| 年龄范围 | 阶段含义 | 特征 |
| --- | --- | --- |
| 8岁以后 | 想要描画写实物象的时期 | 由于不能把所看到的事物画得很像，往往会丧失画画的自信 |

## 知识点2 学前儿童手工制作能力的发展阶段与特点

| 发展阶段 | 年龄范围 | 发展特点 |
| --- | --- | --- |
| 探索期 | 2~4岁 | 初期，只是以纯粹的玩耍为中心。后期，儿童逐渐学会用手掌把黏土压平，用指尖挖，用手指把纸撕成碎片，或是用剪刀随意地剪出纸条或纸片，并给偶然形成的造型命名 |
| 直觉表现期 | 4~5岁 | 有一定的制作意图，能利用黏土的可塑性去做各种尝试，能用纸张折出简单的物体，也能够运用剪刀等工具撕、剪出简单的图形 |
| 灵活表现期 | 5~7岁 | 随着手腕动作和手眼协调能力的不断发展，已不能满足于仅用一两种技能制作简单的物体形象，希望能够用各种工具和材料制作出他们喜欢的、较复杂的物体形象，并将这些物体形象组合成具有一定情节的场面 |

## 知识点3　学前儿童美术欣赏能力的发展阶段与特点

1. 本能直觉期(0~2岁)

主要表现为对形式审美要素的直觉敏感性和注意选择性,是纯表面的和直觉的,并主要通过视、听、动的协调活动进行信息的相互交换。

2. 艺术符号感知期(2~7岁)

(1)在自发情况下,幼儿对作品内容的感知先于对作品形式的感知。

(2)在教育的干预下,幼儿能感知美术作品的某些形式审美特征,对于作品的造型、设色、构图及作品的情感表现、风格的感知、理解已有所表现。

(3)幼儿更喜欢感知描绘熟悉的物体和令人愉快的现实主义美术作品,以及色彩明快的美术作品。

# 第十节　学前美术教育活动的设计与指导

## 知识点1　学前儿童绘画活动的设计与指导

学前儿童绘画活动的类型有命题画(主题画)、意愿画(自由画)和装饰画(图案画)。

1. 绘画活动内容的设计　【单选】

(1)命题画内容设计的要求

命题画是由教师确定集体绘画的主题与要求,儿童按照绘画的主题与要求作画。在学前儿童命题画教学中,根据内容的不同,习惯上将命题画分为物体画和情节画。

①物体画

| 年龄段 | 设计要求 |
| --- | --- |
| 小班 | 要求他们在教师的引导下观察物体的大致轮廓外形 |
| 中班 | 不仅要求他们要看到物体的整体轮廓,还要求他们要看到物体的基本组成部分及其形状、大小、结构、颜色等 |

| 年龄段 | 设计要求 |
| --- | --- |
| 大班 | 要求能比较全面细致地观察物体的形状、大小、结构、颜色和物体的动态 |

②情节画

| 年龄段 | 设计要求 |
| --- | --- |
| 小班 | 引导幼儿认识基本的绘画工具和材料,能用简单图形表现物体的轮廓特征 |
| 中班 | 引导幼儿学习在画面上安排物体的上下、左右关系,并做简单的布局,将景物都画在基底线上,并能画一些辅助物来表现简单的情节 |
| 大班 | 引导幼儿学习表现前后、远近等简单的空间关系及主题与背景的关系,能根据自己对生活的认识,以自己周围的实际事情作为表现题材,画出简单的情节 |

(2)意愿画内容设计的要求

意愿画是儿童根据自己的生活经验,由自己独立确定绘画主题和内容,运用所掌握的美术知识和技能,自由地表达自己的情感、愿望的一种绘画方式。意愿画内容设计的要求如下:

| 年龄段 | 设计要求 |
| --- | --- |
| 小班 | 侧重于培养幼儿良好绘画姿势和绘画兴趣,强调抒发情感、宣泄情绪 |
| 中班 | 侧重于幼儿自主发现自己希望绘画的主题,确定自己意愿画的内容,初步学习构思画面,然后大胆地进行意愿画活动 |
| 大班 | 侧重于幼儿在确定自己希望表达的主题后,使用恰当的色调、合理的构图,大胆、有创意的表达主题,并能在意愿画结束时大胆表现自己的想象和表现内容 |

(3)装饰画内容设计的要求

装饰画是指幼儿运用各种花纹、色彩在各种不同的纸上对称地、和谐地、有规则地进行美化、装饰的一种绘画形式。装饰画内容设计的要求如下:

| 年龄段 | 设计要求 |
|---|---|
| 中班 | 主要侧重于纹样的变化,色彩要求鲜明 |
| 大班 | 侧重于构图的变化,色彩在鲜艳中求和谐 |

2.绘画活动材料的设计

(1)要根据儿童的生理特点和实际运用能力来选择;

(2)工具和材料的使用要灵活,能体现所要表现的内容和题材。

3.绘画活动的设计步骤与指导要点

| 设计步骤 | 指导要点 |
|---|---|
| 创作引导 | ①导入活动:引导幼儿感知或回忆、提取与本次活动相关的经验。<br>②讲解示范:让幼儿能掌握本次活动的基本技能。<br>③交代本次活动的具体要求:一般包括交代绘画程序;提醒技能要求;提醒养成好的习惯等 |
| 作业辅导 | 在了解每个幼儿构思、色彩、造型等几个方面不同发展水平的基础上,针对每位幼儿的特点采用分层指导法,有针对性地进行辅导 |
| 作品评价 | ①小班幼儿作品可以以教师评价为主,中、大班幼儿作品可采取教师评价与幼儿评价相结合的方法。<br>②应注意把评价的标准慢慢教给幼儿,并帮助他们学会积极地评价同伴的绘画作品 |

### 知识点2 学前儿童手工活动的设计与指导

1.手工活动内容的设计

(1)泥工

不同年龄班的儿童的泥工活动内容和要求各不相同。

| 小班 | 认识泥工的简单工具和材料,知道其名称,知道泥的性质是柔软的、可塑的,学习用搓、转圆、压扁、粘合的方法塑造简单的立体物象 |
|---|---|
| 中班 | 学习用捏的方法塑造简单的主要特征,会使用一些简单的辅助材料表现出简单的情节,并能按意愿大胆塑造。并学习用泥塑造平面的物象 |

| | |
|---|---|
| 大班 | 学习用抻拉的方法并配合其他泥工技法塑造结构较复杂的物象,学会塑造人物、动物的主要特征和简单细节。表现出一定的故事情节 |

(2)纸工 【单选】

儿童纸工活动的主要内容包括:折纸、剪纸、撕纸和粘贴。不同年龄班的儿童在四个方面的内容和要求各不相同。

| | |
|---|---|
| 小班 | ①以培养兴趣为主,初步学习纸工的简单知识和技能;<br>②设计的课题主要是玩纸、撕纸和粘贴 |
| 中班 | ①学会一些简单的折叠方法,较平整地折叠简单的玩具,能把现成的图形或自然材料按顺序粘贴在适当的位置上,并能认识剪贴的工具与材料,学习正确地使用剪刀;<br>②设计的粘贴课题主要是几何图形粘贴和自然物粘贴;<br>③折纸课题多是用单张纸进行简单的平面折叠;<br>④设计一些结合实物进行目测剪的课题;<br>⑤撕纸课题,主要是以目测撕的技能为主,进一步学习撕纸的技能,也可教一些简单的折叠撕技能 |
| 大班 | ①学习更为复杂的纸工技能;<br>②设计的课题主要是折纸和剪贴;<br>③剪贴课题的设计是让儿童自剪自贴,重点在"剪" |

2.手工活动材料的设计

(1)材料要丰富和多变;

(2)材料能激发儿童手工制作的兴趣;

(3)材料的陈列应具开放性。

根据材料的形状分类,分点状(纽扣、珠子、小石头等)、线状(棉线、毛线、绳子等)、面状(纸、布、树叶等)、块状(盒子、瓶子、石块、泥块等)。

3. 手工活动的设计步骤与指导要点

| 设计步骤 | 指导要点 |
| --- | --- |
| 导入活动 | ①该环节的主要目的是激发幼儿的兴趣,为更好地开展教学活动做铺垫。<br>②引导幼儿直接感知或回忆,提取相关的经验,帮助幼儿分析要制作的事物的外形特征。<br>③可以通过欣赏优秀范例,激发幼儿对手工活动的兴趣 |
| 讲解示范 | 对较难的环节要用幼儿能够理解的语言反复重点讲解,操作环节要让每个幼儿都能看得清楚 |
| 作业辅导 | ①教师要针对幼儿感到困难的细节进行小组或个别指导。<br>②适时调整难度,使多数幼儿能顺利地完成操作。<br>③对有创意的作品应给予支持与赞美 |
| 评价作品 | 以积极鼓励为主,教师评价与幼儿评价相结合 |

### 知识点3　学前儿童美术欣赏活动的设计与指导

1. 活动内容的设计

（1）小班幼儿的美术欣赏应选择一些贴近幼儿生活、具有鲜明色块、季节特征明显的教学内容。

（2）可让中班幼儿掌握美术欣赏中的色彩美、秩序美、图案的纹样美等。中班应选择简单的线条、图形,简单的色块画来欣赏。

（3）大班幼儿欣赏内容可进一步加深,欣赏层面可以更广一些。

2. 材料的设计

根据儿童审美感受性的特点选择适合儿童欣赏水平的材料,是取得良好欣赏效果的前提。为儿童选择美术欣赏作品时应遵循以下几个原则：

（1）经典性原则；

（2）差异性原则；

（3）题材的多样性原则。

3. 设计步骤与指导要点

| 设计步骤 | 指导要点 |
| --- | --- |
| 感知和叙述 | ①该阶段是从感觉层次认识作品,对作品有一个初步的印象。<br>②多提描述性问题、研究性问题,将幼儿想象思考的重点移向对作品画面、意蕴及表现手法的理解 |
| 分析与解释 | ①该阶段是从智慧的层次有意识地进行观察。<br>②引导幼儿从主题、形式、象征、材料等方面进行有意识的观察,分析作品中各种图形的关系、造型的特点、作者处理作品的方式等 |
| 评价作品 | ①该阶段是从表现的层次表达对作品的感受。<br>②启发诱导幼儿表达对作品的感受,着重分析作品中视觉元素的特征。<br>③用幼儿可接受的语言巧妙地呈现艺术作品的内涵与意境,并对所知觉的作品结构做必要的说明、解释和评价 |
| 再创作 | ①该阶段是从创造的层次,挖掘所欣赏的艺术品的潜在的美感价值。<br>②组织幼儿通过模仿表演、绘画、续编故事等多种方式,对美术作品进行再创作表达 |

# 第十一节 学前儿童美术教育活动的评价

| 目标的评价 | 与分类目标、年龄目标以及总目标之间的联系是否紧密一致;与本班儿童的实际情况是否相适应;内容是否全面 |
| --- | --- |
| 内容和工具材料的评价 | 与活动目标是否相互联系、相互影响。活动工具材料的准备要充分,并且要根据美术活动的主题准备相应的工具材料 |

续表

| | | |
|---|---|---|
| 过程的评价 | 活动准备 | 能否熟悉活动的内容，是否了解幼儿的知识水平与技能水平的高低，是否了解幼儿一般水平和个别差异，是否对活动所需的材料、工具、场地因素进行了充分考虑 |
| | 活动设计 | 目标是否明确，结构是否合理，内容是否为幼儿所理解、所接受，是否具有独创性 |
| | 活动组织 | 教师能否发挥和调动大多数幼儿的活动积极性、主动性，能否有次序地执行教育活动的计划，能否灵活地根据幼儿的实际情况调整活动目标与计划等 |
| | 活动指导 | 讲解示范是否准确、熟练、清晰，能否了解幼儿的活动意图，帮助他们实现自己的构思；能否通过提问有效地激发幼儿创作的欲望；能否适时地给幼儿以具体帮助，针对个别差异进行指导 |
| 活动效果的评价 | | 活动中儿童的情绪是否愉快；注意力是否集中；是否坚持完成作品；完成作品的积极性、主动性如何；儿童作品的水平如何等 |

## 要点回顾

1. 学前儿童艺术教育的原则。
2. 学前音乐教育的特点。
3. 学前音乐教育的方法。
4. 学前音乐教育的内容。
5. 达尔克罗兹音乐教育体系。
6. 奥尔夫音乐教育体系的基本内容。
7. 学前美术教育的内容。
8. 学前美术教育的原则。
9. 学前儿童绘画能力的发展阶段与特点。
10. 手工活动内容的设计。

# 第七章 幼儿园教育活动的设计

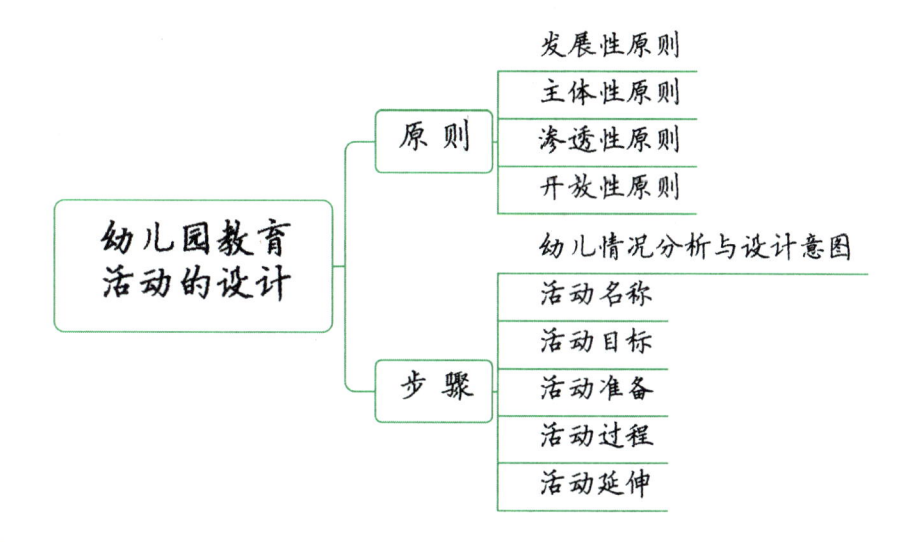

## 思维导图

```
                    ┌─ 原则 ─┬─ 发展性原则
                    │        ├─ 主体性原则
                    │        ├─ 渗透性原则
                    │        └─ 开放性原则
幼儿园教育活动的设计 ┤
                    │        ┌─ 幼儿情况分析与设计意图
                    │        ├─ 活动名称
                    │        ├─ 活动目标
                    └─ 步骤 ─┼─ 活动准备
                             ├─ 活动过程
                             └─ 活动延伸
```

## 知识梳理

### 知识点1 幼儿园教育活动设计的含义

幼儿园教育活动设计是幼儿教师通过选择与规划教与学的目标、内容、实施与评价方法等,提出具体的活动实施方案。

### 知识点2 幼儿园教育活动设计的原则

(1)发展性原则;(2)主体性原则;(3)渗透性原则;(4)开放性原则。

### 知识点3 幼儿园教育活动设计的步骤

| 步骤 | | 设计要点 |
| --- | --- | --- |
| 幼儿情况分析与设计意图 | 幼儿情况分析 | 分析幼儿已具备哪些与该活动有关的知识、技能、能力、兴趣,存在一些什么问题以及幼儿的个别差异等 |
| | 设计意图 | 阐述该主题产生的原因及与幼儿的关系 |

续表

| 步骤 | 设计要点 |
| --- | --- |
| 活动名称的设计 | ①能大概体现本次教育活动的主要内容和目标。<br>②在取名时注意尽量符合幼儿化的特点。<br>③书写内容要完整 |
| 活动目标的设计 | ①应包括情感态度目标、认知目标、技能目标等。<br>②构成要素包括行为、条件和标准。<br>③行为主体一般是教师或幼儿。幼儿是学习的主体，因而在表述目标时一般倡导从幼儿的角度出发，体现幼儿的主体地位。<br>④目标表述要清晰、明确、具有可操作性，避免笼统、概括和抽象 |
| 活动准备的设计 | 包括经验准备和物质准备 |
| 活动过程的设计 — 开始部分（活动导入） | 直接导入、作品导入、悬念导入、演示导入、游戏导入、材料导入 |
| 活动过程的设计 — 基本部分（活动展开） | 在设计基本部分时，主要考虑以下几点：<br>①大体分为哪几个步骤？<br>②每个步骤必须完成哪些内容？采用什么方式方法？<br>③哪一个步骤是重点？哪一个步骤是难点？怎么突出重点？怎么突破难点？<br>④每个步骤的时间大体怎样分配？<br>⑤每个步骤如何进行清楚的陈述？<br>⑥用什么方式来进行步骤之间的过渡 |
| 活动过程的设计 — 结束部分 | 要充分体现开放性，在形式上不必拘泥于常规 |
| 活动延伸的设计 | 活动可以延伸到游戏活动中；可以延伸到区域活动中；可以延伸到家庭和社会活动中 |

📖 要点回顾

1. 幼儿园教育活动设计的原则。　　2. 幼儿园教育活动设计的步骤。

# 第二部分　学前卫生学

## 第一章　幼儿生长发育特点与卫生保健

### 思维导图

- 幼儿生长发育特点与卫生保健
  - 神经系统
    - ★大脑皮质活动的特性——动力定型、优势原则、镶嵌式活动原则
    - ★高级神经活动的特点
      - 兴奋过程占优势
      - 条件反射建立少
      - 第一信号系统发育早于第二信号系统
      - 容易疲劳，易受毒物损害
  - 感觉器官
    - 视觉
      - 生理性远视
      - 斜视和弱视
    - 触觉——皮肤特点
      - 保护功能差
      - 调节体温功能差
      - 渗透作用强
  - 运动系统——★发展特点
    - 肌肉——大小肌肉群发育不同速
    - 关节——牢固性差，容易发生脱臼
  - 循环系统——发展特点——心脏发展特点
    - 心脏相对重量大于成人
    - 心脏排血量较少
    - 心率快
  - 呼吸系统——发展特点
    - 呼吸量少，频率快
    - 呼吸不均匀
    - 以腹式呼吸为主
  - 消化系统——口腔的发展特点——6岁左右萌发，"第一恒磨牙"
  - 泌尿及内分泌系统
    - 泌尿系统
    - 内分泌系统
      - 脑垂体分泌的生长素较多
      - 缺碘影响甲状腺的功能
  - 幼儿的生长发育——主要规律
    - 连续性（顺序性）和阶段性的统一
    - 不均衡性（不平衡性）
    - 程序性
    - 个别差异性
    - 相互关联性

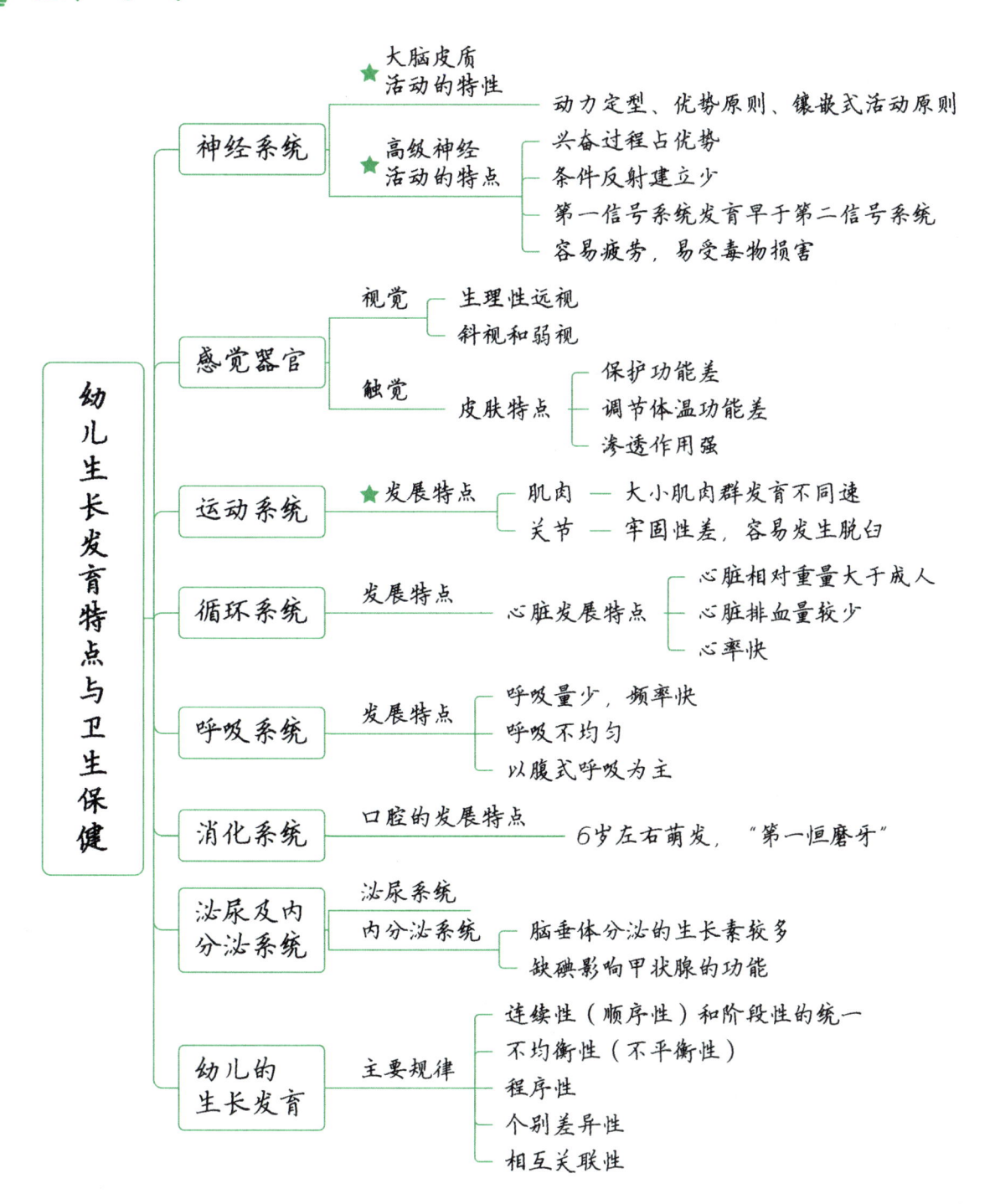

## 第一节 幼儿神经系统的发展与卫生保健

### 知识点1 神经系统的发展

1. 神经系统的组成

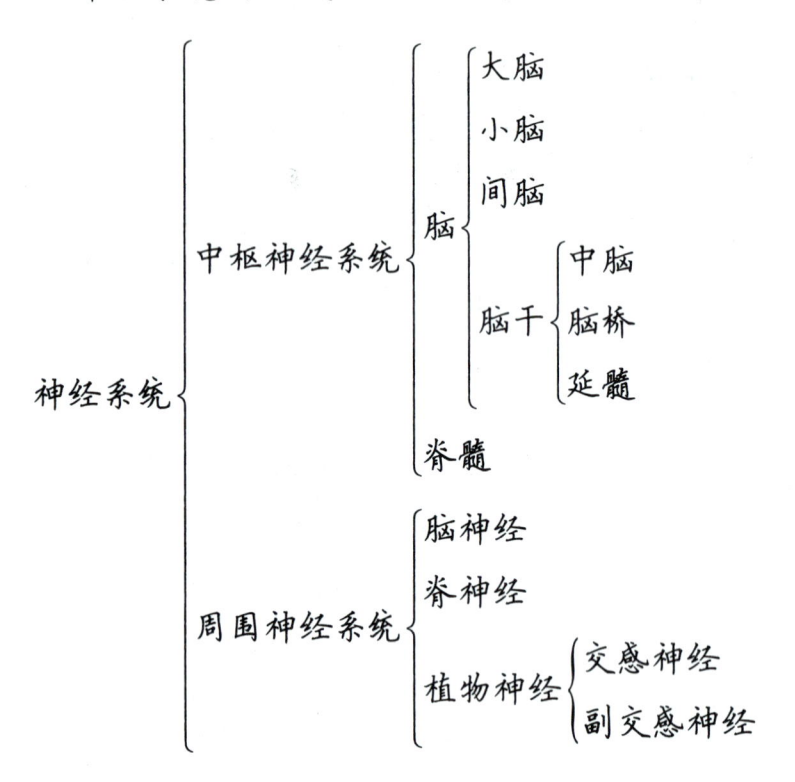

$$神经系统\begin{cases}中枢神经系统\begin{cases}脑\begin{cases}大脑\\小脑\\间脑\\脑干\begin{cases}中脑\\脑桥\\延髓\end{cases}\end{cases}\\脊髓\end{cases}\\周围神经系统\begin{cases}脑神经\\脊神经\\植物神经\begin{cases}交感神经\\副交感神经\end{cases}\end{cases}\end{cases}$$

2. 最基本的结构和功能单位——神经元

$$神经元\begin{cases}细胞体\\突起\begin{cases}树突\\轴突\end{cases}\end{cases}$$

功能：具有接受刺激、传递信息和整合信息的功能。

3. 神经系统活动的方式

（1）神经系统活动的基本方式——反射；

（2）高级神经（大脑皮质）活动的方式——条件反射。

### 4. 大脑皮质活动的特性 【单选】

| 特性 | 含义 |
|---|---|
| 对侧支配 | 大脑的左、右两半球各将人体相反一侧置于自己的管辖之下,具有对侧支配的特点 |
| 倒立分布且皮质区面积与功能相关 | 皮质感觉运动区最上部支配下肢与躯干,中部支配上肢,最下部支配头、面部 |
| 睡眠 | 睡眠可以消除疲劳,使精力和体力得到休息和恢复 |
| 动力定型 | 若一系列的刺激总是按照一定的时间、顺序,先后出现,重复多次后(强化),这种时间和顺序就在大脑皮质上"固定"下来(神经联系的牢固建立),每到一定时间大脑就自然地重现这一系列的活动,并提前做好准备 |
| 优势原则 | 兴趣能促使"优势兴奋"状态的形成,人们对感兴趣的事物,往往表现为特别专注,对其他出现的无关刺激则可"视而不见""听而不闻" |
| 镶嵌式活动原则 | 随着工作性质的转换,工作区与休息区不断轮换。好比镶嵌在一块板上的许多小灯泡,忽闪、忽灭,使大脑皮质的神经细胞能有劳有逸、以逸待劳,维持高效率 |

注:优势原则是视而不见、听而不闻;镶嵌式活动原则是动静交替、劳逸结合。

## 知识点2 幼儿神经系统发展的特点 【单选、判断】

特点
- 神经系统发育迅速
- 中枢神经系统的发育顺序不均衡——先皮下,后皮质
- 植物性神经发育不完善
- 高级神经活动的特点
  - 兴奋过程占优势
  - 条件反射建立少
  - 第一信号系统发育早于第二信号系统
  - 容易疲劳,易受毒物损害
- 脑细胞的耗氧量大
- 可利用的能量来源单一

## 知识点3　幼儿神经系统的保育要点

保育要点
- 执行合理的生活制度，用脑卫生
- 保证充足的睡眠
- 保持室内空气新鲜
- 提供合理的营养，保证大脑发育
- 积极开展体育锻炼
- 创造一个轻松愉快的生活环境

# 第二节　幼儿感觉器官的发展与卫生保健

## 知识点1　视觉器官——眼

1. 眼球的结构

眼球由眼球壁及其内容物构成。其中，眼球壁的中膜是由虹膜、睫状体和脉络膜组成，我们说的"黑眼珠""蓝眼睛"，实际上就是虹膜的颜色。

2. 幼儿眼球的特点

（1）生理性远视

幼儿5岁以前可能有生理性远视。幼儿的眼球前后距离较短，物体往往成像于视网膜的后面，称为生理性远视。随着眼球的发育，眼球前后距离变长，一般5岁左右，就可以达到正常的视力。

（2）晶状体的弹性较大

幼儿晶状体的弹性好，具有很强的调节能力，所以他们能看清很近的物体。但较长时间看近距离的物体，会使睫状肌过度紧张而疲劳，引发近视。

3. 斜视和弱视　【单选】

（1）斜视

当两眼向前平视时，两眼的黑眼珠位置不匀称，称为斜视。婴幼儿斜视的治疗，年龄越小，治疗效果越好。

(2)弱视

患弱视的儿童,不能建立双眼平视功能,难以形成立体视觉,故不能很好分辨物体的远近、深浅等,难以完成精细活动,对生活、学习和将来的工作带来不良影响。弱视的治疗,年龄越小,治愈率越高,最佳治疗年龄在3~6岁,年龄大于7岁,治愈率明显下降。"常规遮盖法"被公认为是一种治疗弱视简便易行的方法。

4.幼儿眼的保育要点

(1)教育幼儿养成良好的用眼习惯;

(2)为幼儿提供良好的采光环境、适宜的读物和教具;

(3)注意眼的安全和卫生,预防眼外伤;

(4)定期检查幼儿的视力;

(5)培养和发展幼儿的辨色力;

(6)供给足够的营养;

(7)照顾视力差的幼儿,减轻他们的用眼负担。

## 知识点2 听觉器官——耳

1.幼儿耳的特点

(1)外耳道壁骨化未完成。

(2)咽鼓管短、粗,倾斜度小。幼儿的咽鼓管比成人的短、粗,位置水平,倾斜度较小,所以咽、喉和鼻腔感染时,容易引起中耳炎。

(3)脑膜血管与鼓膜血管相连。

(4)耳蜗的感受性较强,对噪声敏感。

2.幼儿耳的保育要点 【单选、多选】

(1)禁止用锐利的工具给幼儿挖耳;

(2)做好中耳炎的预防工作;

(3)避免噪声的影响;

(4)避免药物的影响;

（5）发展幼儿的听觉；

（6）注意观察幼儿的异常表现，及早发现听觉异常。

## 知识点3　嗅觉和味觉——鼻和舌

1. 鼻

幼儿对各种气味的辨别能力较差，应通过各种活动引导幼儿辨别各种物质所散发出来的气味，促进嗅觉的发展。

2. 舌

舌能辨别酸、甜、苦、咸四种基本味道。对甜味最敏感的是舌尖；对苦味最敏感的是舌根；对酸味最敏感的是舌两侧；对咸味最敏感的是舌尖和舌两侧。一般认为，味觉是儿童早期最发达的感觉，因为它具有保护生命的价值。

## 知识点4　触觉——皮肤

| 生理功能 | 特点 | 保育要点 |
| --- | --- | --- |
| ①感觉作用；<br>②代谢作用；<br>③保护机体；<br>④分泌与排泄作用；<br>⑤调节体温；<br>⑥吸收作用 | ①保护功能较差；<br>②调节体温的功能差；<br>③皮肤的渗透作用强 | ①保持皮肤的清洁；<br>②锻炼皮肤的冷热适应能力；<br>③注意衣着卫生 |

# 第三节　幼儿运动系统的发展与卫生保健

## 知识点1　幼儿运动系统发展的特点　【单选、判断】

运动系统主要由骨、关节、骨骼肌等组成。它是人们从事劳动和活动的主要器官，有保护脑和内脏器官的作用。

| 骨骼的特点 | 肌肉发展的特点 | 关节发展的特点 |
| --- | --- | --- |
| ①骨膜比较厚；<br>②全是红骨髓；<br>③有机物多、无机盐少，柔韧性大而强度低，容易弯曲变形；<br>④骨在不断生长，骨化未完成 | ①肌肉收缩力差，容易疲劳；<br>②大、小肌肉群的发育不同速 | 关节的牢固性差，容易发生脱臼 |

### 知识点2　幼儿运动系统的保育要点　【单选、案例分析】

保育要点
- 培养幼儿各种正确的姿势，防止脊柱和胸廓畸形
- 合理组织户外活动和体育锻炼
  - 多晒太阳，促进骨骼和肌肉发育
  - 全面发展动作
  - 保证安全，防止伤害事故
- 供给足够的营养
- 衣服、鞋帽应宽松适度

---

**知识拓展**

**正确的站姿和坐姿**

正确站姿是：头端正，两肩平，挺胸收腹，肌肉放松，双手自然下垂，两腿站直，两足并行，前面略开。

正确坐姿是：头略向前，身体坐直、背靠椅背；大腿和臀部大部分落坐在座位上；小腿与大腿成直角，两手自然放在腿上；脚自然放在地上。有桌子时，身体与桌子距离适当；两臂能自然放在桌子上，不耸肩或塌肩，坐时两肩一样高。

## 第四节　幼儿循环系统的发展与卫生保健

### 知识点1　幼儿循环系统发展的特点

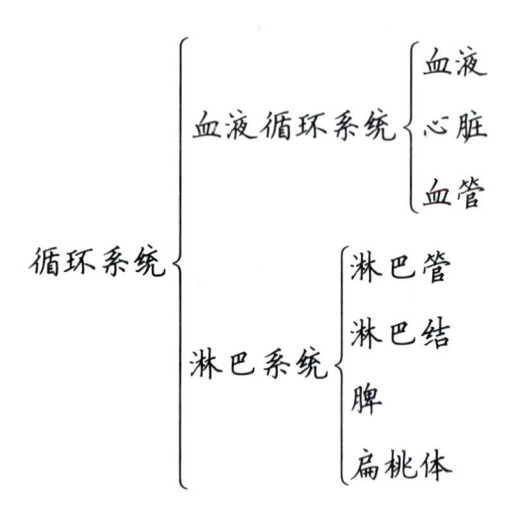

循环系统
- 血液循环系统
  - 血液
  - 心脏
  - 血管
- 淋巴系统
  - 淋巴管
  - 淋巴结
  - 脾
  - 扁桃体

**1. 幼儿血液循环系统发展的特点**

| | |
|---|---|
| 血液发展的特点 | ①血液相对量比成人多，年龄越小，比例越大；<br>②血浆含水分较多，血液中血小板数目与成人相近，但含凝血物质较少；<br>③红细胞的数目和血红蛋白量不稳定；<br>④白细胞中中性粒细胞比例较小，机体抵抗力相对较差；<br>⑤血容量相对较成人多 |
| 心脏的特点 | ①心脏相对重量大于成人；<br>②心脏排血量较少；　　——→ 大少快。<br>③心率快 |
| 血管的特点 | ①管径粗，毛细血管丰富；<br>②血管比成人短；<br>③血管的管壁薄，弹性小；　　——→ 粗短薄低。<br>④血压低 |

2. 幼儿淋巴系统发展的特点

| 淋巴结 | 扁桃体 |
| --- | --- |
| 幼儿淋巴结尚未发育成熟，因此屏障作用较差，感染易于扩散，局部轻微感染就可使淋巴结发炎、肿大，甚至化脓 | 2岁以后，扁桃体增大较快，在4~10岁时达到发育高峰，14~15岁时逐渐退化 |

### 知识点2　幼儿循环系统的保育要点

保育要点
- 合理营养，预防贫血
- 服装宽松适度
- 一日活动要做到动静交替、劳逸结合
- 科学组织体育锻炼和户外活动，增强心脏功能

## 第五节　幼儿呼吸系统的发展与卫生保健

### 知识点1　幼儿呼吸系统发展的特点

特点
- 呼吸量少，频率快
- 呼吸不均匀  →　少快不均腹为主。
- 以腹式呼吸为主

### 知识点2　幼儿呼吸系统的保育要点

保育要点
- 培养幼儿良好的卫生习惯
- 保持室内空气新鲜
- 加强适宜的体育锻炼和户外活动
- 严防异物进入呼吸道
- 教育幼儿以正确的姿势活动和睡眠
- 保护幼儿声带

# 第六节 幼儿消化系统的发展与卫生保健

## 知识点1 幼儿消化系统发展的特点

| | |
|---|---|
| 口腔 | 牙齿（20颗乳牙，6岁左右萌发"第一恒磨牙"）、舌、唾液腺 |
| 食管 | 比成人的短而狭窄，黏膜薄嫩，管壁肌肉组织及弹力纤维发育较差，易于损伤 |
| 胃 | 幼儿年龄越小，胃的容量越小；胃的消化能力较弱 |
| 肠 | ①吸收能力较强；<br>②消化能力较差；<br>③肠的位置固定较差 |
| 肝 | ①幼儿肝脏相对比成人大；<br>②肝细胞发育不健全；<br>③糖原储存较少；<br>④肝解毒能力差；<br>⑤肝细胞再生能力较强 |
| 胰腺 | 婴幼儿胰腺富有血管及结缔组织，实质细胞较少，分化不全 |

## 知识点2 幼儿消化系统的保育要点

保育要点
- 爱护牙齿，注意用牙卫生
- 养成良好的饮食习惯
- 注意饮食卫生，防止病从口入
- 保持愉快情绪，安静进餐
- 饭前饭后不做剧烈活动
- 养成良好的排便习惯

# 第七节　幼儿泌尿及内分泌系统的发展与卫生保健

## 知识点1　幼儿泌尿系统的发展

1. 幼儿泌尿系统的生理特点

| 肾脏 | 肾盂和输尿管 | 膀胱 | 尿道 |
| --- | --- | --- | --- |
| ①幼儿肾脏的重量相对地大于成人；②在1岁和12～15岁两个阶段肾脏的发育最快 | 小儿肾盂和输尿管相对比成人宽，管壁肌肉和弹力组织发育不全，紧张度较低，弯曲度大 | ①年龄越小，每天排尿次数越多；②年龄越小，控制排尿能力越差，时常出现遗尿的现象 | ①幼儿尿道较短，女孩尿道更短；②尿道黏膜容易损伤和脱落 |

2. 幼儿泌尿系统的保育要点

保育要点 { 供给充足的水分
养成幼儿定时排尿的习惯
注意会阴部的清洁卫生，预防尿路感染
不摄入过咸的食物，保护肾脏

## 知识点2　幼儿内分泌系统的发展

1. 幼儿内分泌系统发展的特点

特点 { 脑垂体分泌的生长素较多
缺碘影响甲状腺的功能
幼年时胸腺发育不全会影响免疫功能

2. 幼儿内分泌系统的保育要点

（1）制定合理的生活制度，要保证幼儿有充足的睡眠，以促进其生长发育；

（2）合理营养，预防碘缺乏病，多食海产品，提倡使用加碘盐；

（3）不乱服营养品，防止性早熟。

## 第八节　幼儿的生长发育

### 知识点1　生长发育的概念

**生长**是指身体各个器官、系统以及全身的大小、长短和重量的增加与变化，是机体量的改变。

**发育**是指细胞、组织、器官和系统功能的不断成熟与完善，属于质的变化。

### 知识点2　幼儿生长发育的主要规律　【单选】

(1)生长发育是连续性(顺序性)和阶段性的统一；

(2)生长发育具有不均衡性(不平衡性)；

(3)生长发育具有程序性；

(4)生长发育具有个别差异性；

(5)生长发育具有相互关联性。

### 知识点3　影响幼儿生长发育的因素　【单选】

影响因素
- 遗传
- 环境
  - 营养
  - 疾病
  - 体育锻炼和劳动
  - 生活制度
  - 环境污染

### 知识点4　幼儿生长发育评价的指标

| 形态指标 | 身高、体重、头围、胸围和坐高。其中，身高和体重是最基本的指标 |
| --- | --- |
| 生理功能指标 | ①呼吸系统常用的指标是肺活量和呼吸频率；<br>②循环系统常用的指标是心率、脉搏和血压；<br>③运动系统常用的指标为握力和背肌力 |

| 心理指标 | 通过感觉、知觉、语言、记忆、思维、情感、意志、能力和性格等进行观察 |
|---|---|

### 知识点5　幼儿体格发育的测量方法

体格是指人体形态、结构和生理机能的发展状况。

1. 身高（身长）的测量

3岁以下学前儿童测身长用量床。3岁以上学前儿童用身高计或固定于墙壁上的立尺或软尺。被测者赤足，背靠立柱以立正姿势站立，脚跟、臀部和两肩胛间处与立柱紧贴。

2. 体重的测量

称重时，1岁以下的学前儿童取卧位，1～3岁学前儿童可蹲在称台上，3岁以上学前儿童站立测量。

3. 胸围的测量

3岁以下学前儿童取卧位或立位，3岁以上取立位。

---

**要点回顾**

1. 大脑皮质活动的特性。
2. 幼儿神经系统发展的特点。
3. 幼儿耳的保育要点。
4. 幼儿运动系统发展的特点。
5. 幼儿运动系统的保育要点。
6. 幼儿生长发育的主要规律。

# 第二章 幼儿营养与膳食

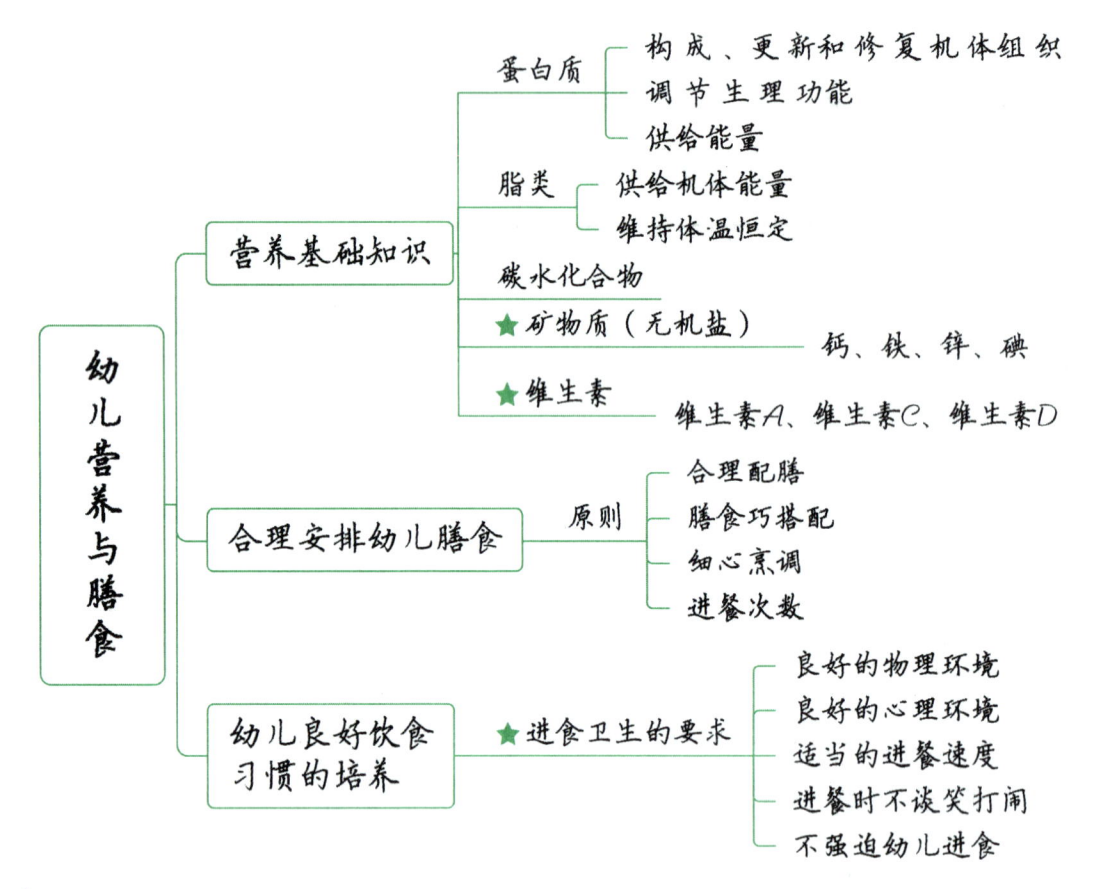

## 思维导图

```
幼儿营养与膳食
├── 营养基础知识
│   ├── 蛋白质 ── 构成、更新和修复机体组织
│   │            调节生理功能
│   │            供给能量
│   ├── 脂类 ── 供给机体能量
│   │          维持体温恒定
│   ├── 碳水化合物
│   ├── ★矿物质（无机盐）── 钙、铁、锌、碘
│   └── ★维生素 ── 维生素A、维生素C、维生素D
├── 合理安排幼儿膳食 ── 原则 ── 合理配膳
│                              膳食巧搭配
│                              细心烹调
│                              进餐次数
└── 幼儿良好饮食习惯的培养 ── ★进食卫生的要求 ── 良好的物理环境
                                                良好的心理环境
                                                适当的进餐速度
                                                进餐时不谈笑打闹
                                                不强迫幼儿进食
```

## 知识梳理

### 第一节 营养基础知识

营养素分为蛋白质、脂类、碳水化合物、矿物质（无机盐）、维生素和水六大类。其中，蛋白质、脂类、碳水化合物能够提供机体所需要的能量，故称为产能营养素。

⟶ 双水蛋白只（脂）为（维）物。

## 知识点1　蛋白质　【单选】

| 生理功能 | 构成 | 营养价值的评价 |
| --- | --- | --- |
| ①构成、更新和修复机体组织；<br>②调节生理功能；<br>③供给能量 | 氨基酸 | 评价蛋白质的营养价值应从"量"和"质"两个方面进行 |

## 知识点2　脂类　【单选】

| 脂类的构成 | 生理功能 | 食物来源 |
| --- | --- | --- |
| 中性脂肪和类脂，后者包括磷脂、糖脂和固醇类等 | ①人体组织的重要组成成分；<br>②供给机体能量；<br>③保护机体组织、器官，维持体温恒定；<br>④提供脂溶性维生素，并促进脂溶性维生素的吸收；<br>⑤提供必需脂肪酸；<br>⑥促进食欲，增加饱腹感 | 亚油酸在各种植物油中普遍存在；亚麻酸在豆油和紫苏油中含量较多，磷脂含量丰富的食物有蛋黄、肝脏、大豆和花生，胆固醇在动物内脏、脑组织和蛋黄中含量较多 |

## 知识点3　碳水化合物（糖类）

1. 组成　【多选】

食物中所含的碳水化合物，一部分可被人体吸收，另一部分则不能被消化吸收。能被人体吸收的糖类包括单糖（葡萄糖、果糖、半乳糖等）、双糖（蔗糖、麦芽糖、乳糖等）及多糖中的淀粉等。不能被人体吸收的糖类包括多糖中的纤维素、果胶等，总称"膳食纤维"。

2. 生理功能（可吸收部分）

（1）提供热能；

（2）构成组织；

（3）维持神经系统的生理功能；

(4)合成肝糖元和肌糖元;

(5)有抗生酮作用;

(6)减少蛋白质的消耗。

3. 食物来源

(1)谷类;(2)根茎类;(3)蔗糖;(4)乳糖;(5)蜂蜜;(6)果糖。

### 知识点4 矿物质(无机盐) 【单选】

|  | 钙 | 铁 | 锌 | 碘 |
| --- | --- | --- | --- | --- |
| 作用 | 构成人体骨骼和牙齿的重要成分,并在维持神经和肌肉的兴奋性、血液凝固、心动节律方面发挥重要作用 | 是合成血红蛋白的原料,参与维持正常造血功能和体内氧的运送 | 对幼儿的生长发育、正常味觉的维持、创伤愈合和机体免疫力有重要作用 | 调节新陈代谢、促进神经系统发育 |
| 缺乏症状 | 佝偻病、手足搐搦症、惊厥 | 缺铁性贫血 | 生长发育迟缓、停滞、性发育延迟、智能发育迟缓、伤口愈合不良、食欲减退,甚至发生异食癖 | 甲状腺肿大,严重者发生"呆小症" |
| 主要来源 | 牛奶、豆类、豆制品和绿叶蔬菜、海产品 | 动物性食品,植物性食品,乳类 | 高蛋白食物含锌量较高,海产品次之,蔬菜和水果普遍含锌量不高 | 海产品 |

180

## 知识点5　维生素　【单选】

| 维生素 | 生理功能 | 主要来源 | 缺乏症 |
| --- | --- | --- | --- |
| 维生素A | 维持暗视力及上皮细胞健全、生长发育和机体免疫力 | 动物性食物；植物性食物中的胡萝卜素在人体内可转化为维生素A | 夜盲症和干眼病；皮肤干燥、粗糙，毛发干、脆，易脱落；呼吸道、消化道感染 |
| 维生素$B_1$ | 参与糖类代谢；维持神经系统正常功能；辅助消化 | 瘦肉、动物内脏、豆类、坚果类食物 | 脚气病 |
| 维生素$B_2$ | 机体中许多重要辅酶的组成成分；能维护皮肤和黏膜的完整，参与蛋白质、脂肪和糖类的代谢过程 | 动物性食物 | 口角炎、舌炎、口腔溃疡等 |
| 维生素C | 增强免疫力，促进铁的吸收和利用等 | 新鲜的蔬菜和水果 | 坏血病 |
| 维生素D | 调节钙、磷代谢 | 动物性食品；皮肤中的7-脱氢胆固醇通过紫外线照射后，可转变为维生素D | 佝偻病 |

## 知识点6　水

各年龄儿童每日水的需要量大致如下：初生至1岁，120～160毫升/每千克体重；2～3岁，100～140毫升/每千克体重；4～7岁，90～110毫升/每千克体重。

## 知识点7　能量

人体一切活动都需要能量，能量由蛋白质、脂肪和碳水化合物提供。

## 第二节　合理安排幼儿膳食

### 知识点1　学前儿童膳食的特点

特点
- 科学合理
- 营养平衡
- 增进食欲
- 有利消化
- 清洁卫生
- 安全新鲜

### 知识点2　安排幼儿膳食的原则 【单选】

原则
- 合理配膳
- 膳食巧搭配
  - 粗细粮搭配
  - 米面搭配
  - 荤素搭配
  - 谷类与豆类搭配
  - 蔬菜五色搭配
  - 干稀搭配
- 细心烹调
- 进餐次数(三餐两点)

---

**学霸点睛**

三餐热量分布合理是指早、午、晚三餐食物的供热量比应分别占25%～30%、30%～35%、25%～30%，两次加餐占10%。

## 第三节　幼儿良好饮食习惯的培养

| 重要性 | 内容 |
| --- | --- |
| ①平衡的膳食,吃进去才能发挥其作用;<br>②从小培养良好的饮食习惯,关系着儿童的身心健康 | ①按时定位进食,食前有准备;<br>②细嚼慢咽,专心进餐;<br>③饮食定量,控制零食;<br>④不偏食,饮食多样;<br>⑤注意饮食卫生和就餐礼貌 |

**知识扩展**

学前儿童进食卫生的要求:

(1)良好的物理环境;

(2)良好的心理环境;

(3)适当的进餐速度;

(4)进餐时不谈笑打闹;

(5)不强迫幼儿进食。

### 要点回顾

1. 碳水化合物的组成。

2. 安排幼儿膳食的原则。

3. 学前儿童进食卫生的要求。

# 第三章 幼儿常见疾病和意外事故的防护

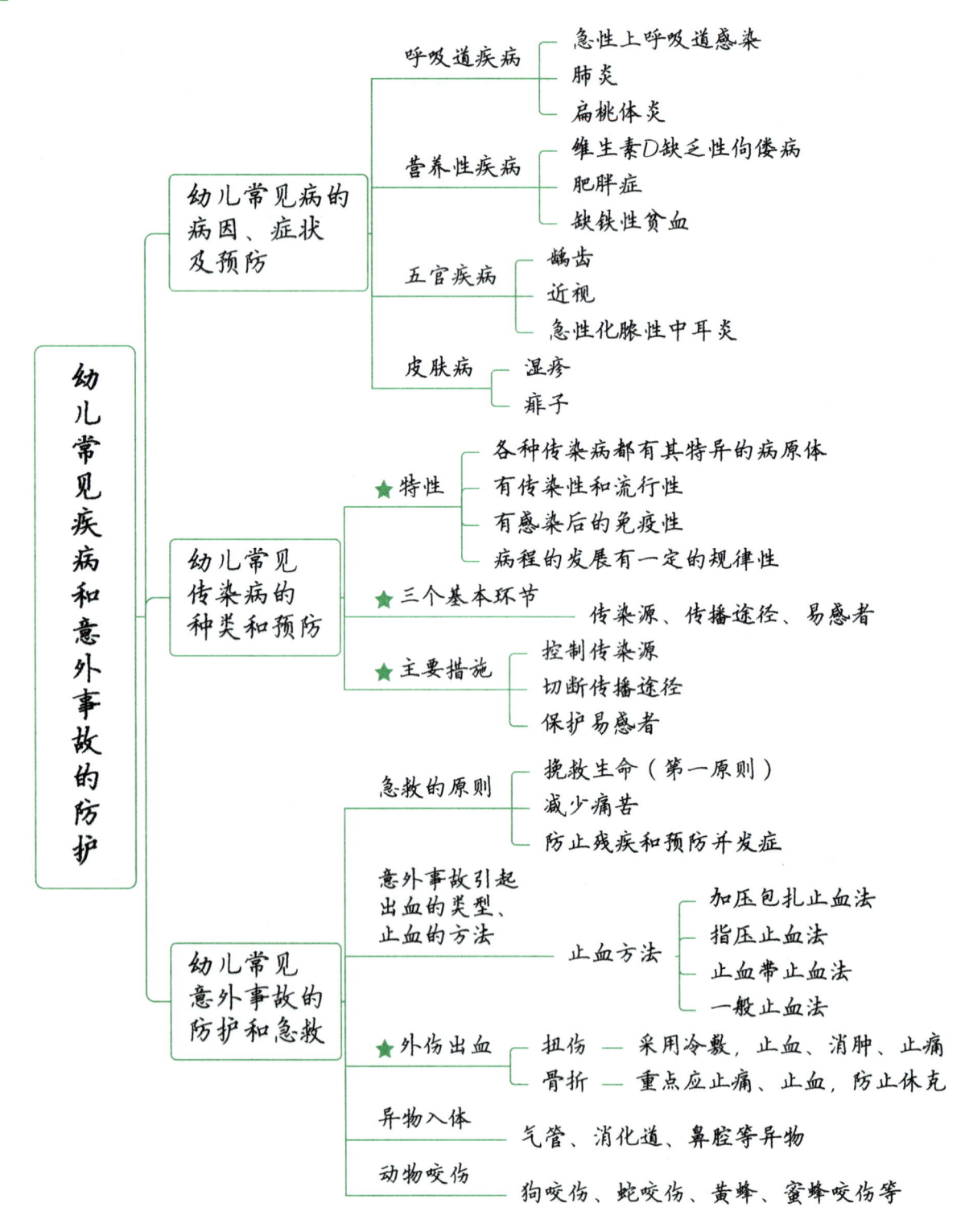

## 思维导图

- 幼儿常见疾病和意外事故的防护
  - 幼儿常见病的病因、症状及预防
    - 呼吸道疾病
      - 急性上呼吸道感染
      - 肺炎
      - 扁桃体炎
    - 营养性疾病
      - 维生素D缺乏性佝偻病
      - 肥胖症
      - 缺铁性贫血
    - 五官疾病
      - 龋齿
      - 近视
      - 急性化脓性中耳炎
    - 皮肤病
      - 湿疹
      - 痱子
  - 幼儿常见传染病的种类和预防
    - ★特性
      - 各种传染病都有其特异的病原体
      - 有传染性和流行性
      - 有感染后的免疫性
      - 病程的发展有一定的规律性
    - ★三个基本环节——传染源、传播途径、易感者
    - ★主要措施
      - 控制传染源
      - 切断传播途径
      - 保护易感者
  - 幼儿常见意外事故的防护和急救
    - 急救的原则
      - 挽救生命（第一原则）
      - 减少痛苦
      - 防止残疾和预防并发症
    - 意外事故引起出血的类型、止血的方法
      - 止血方法
        - 加压包扎止血法
        - 指压止血法
        - 止血带止血法
        - 一般止血法
    - ★外伤出血
      - 扭伤——采用冷敷，止血、消肿、止痛
      - 骨折——重点应止痛、止血，防止休克
    - 异物入体——气管、消化道、鼻腔等异物
    - 动物咬伤——狗咬伤、蛇咬伤、黄蜂、蜜蜂咬伤等

# 知识梳理

## 第一节 幼儿常见病的病因、症状及预防

### 知识点1 常见呼吸道疾病

|  | 急性上呼吸道感染 | 肺炎 | 扁桃体炎 |
| --- | --- | --- | --- |
| 病因 | 以病毒为主的病原体的侵犯，以及因营养不良、缺乏锻炼或过敏体质等 | ①主要由细菌或者病毒自上呼吸道、气管、支气管下降，侵入肺泡而引起；②因免疫力低，更易得肺炎 | 是因溶血性链球菌感染所引起的，在疲劳、受凉以后容易发病 |
| 症状 | 轻症潜伏期约1~2天，有时5~7天，主要为流水样鼻涕、鼻塞、打喷嚏、微咳、咽部不适，患儿多于3~4日内自愈。重症者在起病时即有高热，可达40℃，甚至更高，持续1周左右，高热初期可发生惊厥，患儿全身无力，食欲不振，睡眠不安，鼻涕很多，咳嗽频繁，咽部充血，颈部或耳后淋巴结肿大 | 起病急，发热，咳嗽短促，胸痛，呼吸困难，气急，烦躁不安，面色苍白，严重者鼻翼扇动，指甲或唇周青紫，听诊呼吸音粗糙或稍减低，有湿罗音。肺炎可出现心力衰竭和呼吸衰竭等严重的并发症，必须及时治疗 | 发烧、畏寒。嗓子痛，因而不敢吞咽 |

185

续表

| | 急性上呼吸道感染 | 肺炎 | 扁桃体炎 |
|---|---|---|---|
| 预防 | ①避免接触急性上呼吸道感染者,隔离患者;<br>②及时为患者治疗;<br>③加强营养,坚持"三浴"锻炼;<br>④保持居室空气新鲜;<br>⑤及时增减儿童所穿、盖的衣物;<br>⑥不宜穿着过多,以防出汗后吹风受凉 | ①注意体格锻炼,增强体质;<br>②保持空气新鲜,改善缺氧状况;<br>③衣着要宽松,以免加重呼吸困难;<br>④饮食应易消化且富有营养 | ①应彻底治疗;<br>②饮食可吃流食或半流食;<br>③饭前、饭后用温的淡盐水漱口。<br>④慢性扁桃体炎可以请医生判断是否将扁桃体摘除 |

 知识点2　常见营养性疾病　【单选、判断】

| | 维生素D缺乏性佝偻病 | 肥胖症 | 缺铁性贫血 |
|---|---|---|---|
| 病因 | ①紫外线照射不足;<br>②食物中维生素D摄入不足;<br>③生长速度过快,所需维生素D更多;<br>④其他疾病影响;<br>⑤某些药物的影响 | 进食过多、运动过少和遗传是导致肥胖的三大关键因素,其中,进食过多和运动过少是主要诱因 | ①先天储铁不足;<br>②饮食中铁的摄入量不足(重要原因);<br>③生长发育过快;<br>④疾病的影响 |

续表

|  | 维生素D缺乏性佝偻病 | 肥胖症 | 缺铁性贫血 |
|---|---|---|---|
| 症状 | ①多汗、夜惊、烦躁、睡眠不安；<br>②学前儿童经常因多汗摇头擦枕，致使枕部秃发；<br>③骨骼病变 | ①食欲旺盛，食量超常，偏食；<br>②懒动，喜卧，爱睡；<br>③体格发育较正常小儿迅速 | ①常烦躁不安，精神不振，食欲减退，体重增长减慢，皮肤黏膜变得苍白，以口唇、口腔黏膜、甲床和手掌最为明显，容易疲乏，注意力不集中，理解力降低，反应迟钝。<br>②由于骨髓外造血反应，肝、脾和淋巴结轻度肿大 |
| 预防 | 孕妇及学前儿童应多做户外活动，多接触阳光，遵医嘱补充维生素D | ①避免婴儿哺乳量过多；<br>②避免幼儿陷入多食、少动的怪圈 | ①应坚持母乳喂养；<br>②及时治疗钩虫病及各种感染性疾病；<br>③定期进行贫血检查 |

> **知识扩展**
>
> 肥胖症的诊断标准
>
> （1）体重超过同龄儿童（按身高计算的标准）体重的20%为肥胖症。
>
> （2）按脂肪总量算，超过正常脂肪含量的15%为肥胖症。
>
> （3）分度标准。以体重超标程度来分度，可分三度：①超过标准体重20%～30%者为轻度；②超过标准体重30%～50%者为中度；③超过标准体重50%者为重度。

## 知识点3　常见五官疾病　【多选】

| | 龋齿 | 近视 | 急性化脓性中耳炎 |
|---|---|---|---|
| 病因 | ①口腔中细菌的破坏作用；<br>②牙齿牙缝中的食物残渣；<br>③牙齿结构上的缺陷 | ①先天的遗传因素；<br>②后天的用眼疲劳 | 化脓性细菌侵入中耳发生感染 |
| 症状 | ①浅龋时牙齿变色，表现出褐色或黑褐色斑点，表面粗糙但无自觉症状；<br>②中龋腐蚀到牙本质，形成龋洞，遇冷、热、酸、甜等刺激，有酸痛不适感；<br>③深龋腐蚀已达牙本质深层或牙髓，可致牙髓炎 | ①视远物模糊，视近物清晰；<br>②易疲劳；<br>③部分患儿可有外隐斜或外斜视；<br>④眼底改变，中度以上近视眼，玻璃体混浊和液化，高度近视眼因眼轴较长、眼球变大呈现眼球突出状态 | ①患儿发热，可伴有惊厥；<br>②耳痛难忍，幼儿哭闹，用手抓耳，不时摇头；<br>③鼓膜穿孔，脓液流出；<br>④化脓期有时伴有腹泻、呕吐、脱水 |
| 预防 | ①从小注意口腔卫生；<br>②注意正确的刷牙方法；<br>③要根据儿童的年龄选择大小适宜的牙刷；<br>④多晒太阳，合理营养；<br>⑤定期进行口腔检查 | ①合理看电视，玩游戏，用眼时间不宜过长；<br>②用眼时的光线要适中，避免光线过强或过弱；<br>③用眼姿势要正确；<br>④培养幼儿良好的生活习惯；<br>⑤经常检查，发现近视，及时治疗 | 及早治疗上呼吸道感染，避免外力引起鼓膜损伤 |

## 知识点4　常见皮肤病　【单选、判断】

|  | 湿疹 | 痱子 |
|---|---|---|
| 病因 | ①由遗传过敏体质引发；<br>②由致敏食物引起；<br>③由接触丝织品、人造纤维、外用药物等引起 | 由于汗液排泄不通畅滞留于皮内引起的汗腺周围发炎,大多发生在出汗过多时 |
| 症状 | ①最初为细小的疹子,以后有液体渗出,干燥后形成黄色痂皮；<br>②由于患儿时感奇痒,故往往烦躁不安,脾气急躁 | 初起,皮肤出现红斑,后形成针尖大小的小疹或水疱,自觉刺痒或有灼痛感。痱毒起初是小米粒大小的脓疱,渐渐肿大为玉米粒或杏核大小,脓疱慢慢变软、破溃,流出黄色黏稠的脓液 |
| 预防 | ①应回避致敏源；<br>②不宜使用碱性较强的肥皂为婴幼儿洗脸、洗澡、洗衣服或洗尿布；<br>③乳母应多食含维生素丰富的食物 | ①勤洗澡,保持皮肤干燥清洁,夏季宜穿透气吸汗的纯棉衣服,多喂水、勤翻身；<br>②应避免在烈日下玩耍 |

# 第二节　幼儿常见传染病的种类和预防

## 知识点1　传染病的概念

传染病又称感染性疾病,是由病原微生物（细菌、病毒和真菌）和寄生虫（原虫和蠕虫）感染人体后所产生的疾病,具有传染性和流行性。

## 知识点2　传染病的特性　【单选】

特性
- 各种传染病都有其特异的病原体
- 有传染性和流行性
- 有感染后的免疫性
- 病程的发展有一定的规律性

> **知识拓展**
>
> 传染病的发生、发展和恢复,一般有下列四个阶段:
>
> - 潜伏期:一般参考某种传染病的最长潜伏期,决定该传染病的检疫期限
> - 前驱期:潜伏期末至症状明显期前,出现某些临床表现的短暂时间
> - 症状明显期(又称急性期)
> - 恢复期

### 知识点3　传染病流行过程的三个基本环节　【单选、填空】

传染源、传播途径和易感者(易感人群)构成了传染病发生和流行的三个基本环节,缺少其中任何一个环节,都不会形成传染病的流行。

基本环节
- 传染源
  - 病人
  - 病原携带者
  - 受感染的动物
- 传播途径
  - 空气飞沫传播
  - 水、食物传播
  - 接触传播
  - 医源性传播
  - 虫媒传播
  - 土壤传播
  - 母婴传播
  - 自身传播
- 易感者(易感人群)

## 知识点4  预防传染病的主要措施 【单选、多选、简答】

措施
- 控制传染源
  - 早发现病人
  - 早隔离病人
  - 对传染病的接触者进行检疫
- 切断传播途径
- 保护易感者
  - 预防接种
  - 体育锻炼
  - 营养与睡眠

## 知识点5  常见病毒性传染病 【单选、多选】

|  | 病因 | 症状 | 预防 |
|---|---|---|---|
| 麻疹 | 由麻疹病毒引起的急性呼吸道传染病，具有高度传染性 | 病初有发烧、咳嗽、流鼻涕、眼怕光流泪等现象；发烧后2~3天，口腔两侧乳磨牙旁的颊黏膜上出现费-科氏斑；发烧后3~4天，开始出皮疹，皮疹先由耳后出现；出疹一般持续3~4天，疹子出齐后开始消退，体温逐渐恢复正常 | ①积极进行麻疹预防知识的宣传，普遍接种麻疹疫苗；②麻疹流行期间，学前儿童不宜到人群密集的场所去 |
| 水痘 | 病原体是水痘-带状疱疹病毒。传染性极强 | 皮疹特点为向心性，以躯干、头、腰及头皮处多见，四肢稀少，受压或受刺激的部位如腰、臀等处，皮疹较密集。皮疹初为红色的小点，1天左右转为水疱，3~4天后水疱干缩，结成痂皮 | ①隔离病人直至全部皮疹结痂，对接触病人的易感儿童应注意观察。②国外已有水痘减毒活疫苗，对保护易感者有较好的作用 |

191

续表

|  | 病因 | 症状 | 预防 |
|---|---|---|---|
| 手足口病 | 由肠道病毒引起的婴幼儿常见传染病 | ①最先出现轻微的症状，如发烧、全身不适、咳嗽、咽痛等。<br>②在指（趾）的背面、侧缘、手掌、足跖，尤其是指（趾）甲的周围，有时在臀部、躯干四肢发生红色斑丘疹，很快发展为水疱。<br>③口腔内在舌、硬腭、颊黏膜、齿龈上发生水疱，破溃后形成浅在的糜烂，可因疼痛影响进食。<br>④一般于8~10天水疱干涸，病愈 | 15字防病口诀是：勤通风、勤洗手、喝开水、食熟食、晒衣被 |
| 流行性感冒 | 由流行性感冒病毒引起的常见急性呼吸道传染病 | 起病急，出现高热、寒战、头痛、咽痛、乏力、眼结膜充血等症状。以胃肠道症状为主者，可有恶心、呕吐、腹痛、腹泻等症状；以肺炎症状为主者，发病1~2天后即出现咳嗽、气促、气喘、口唇发绀等症状。部分患儿有明显的精神症状，如嗜睡、惊厥等。患儿常并发中耳炎 | ①要尽早隔离，治疗一周或至热退后两天；<br>②对密切接触者要加强观察，并采取相应措施；<br>③室内应通风、有阳光照射，避免学前儿童出入人群密集的公共场所；<br>④托幼机构应定期消毒 |

续表

| | 病因 | 症状 | 预防 |
|---|---|---|---|
| 登革热 | 由登革热病毒引起的一种急性发热性疾病 | 患者多以突然发热为首发症状，持续发热3~5天，严重头痛、四肢酸痛、关节痛、肌肉痛、背痛、后眼窝痛。发病后三四日出现红疹，恶心、呕吐，轻微的流牙血和流鼻血 | 传播登革热的主要病媒是伊蚊，应防止蚊虫叮咬，避免在人群聚集的地方活动 |
| 诺如病毒性胃肠炎 | 由诺如病毒感染所引起的急性传染病 | 最常见的症状是腹泻和呕吐，其次为恶心、腹痛、头痛、发热、畏寒和肌肉酸痛等 | 减少水源和食品污染 |
| 传染性肝炎 | 由肝炎病毒引起的传染病 | ①黄疸型肝炎。病初类似感冒，相继出现食欲减退、恶心、呕吐、腹泻等症状，尤其不喜欢吃油腻食物。病儿无精打采，乏力，脾气烦躁，易发怒。经一周左右，巩膜、皮肤出现黄疸，尿色加深，肝功能异常。②无黄疸型肝炎。一般有发热、乏力、恶心、呕吐、头晕等症状，无黄疸 | ①接种甲肝、乙肝疫苗，保护易感者；②注意饮食卫生，强调个人卫生；③做好日常性的消毒工作；④幼儿园的工作人员应定期进行健康检查；⑤发现病情，要向防疫机构报告，对受到影响的地方进行专业处理 |

## 知识点6　常见细菌性传染病

|  | 传播途径 | 症状 | 预防 |
| --- | --- | --- | --- |
| 百日咳 | 大量百日咳杆菌在患儿咳嗽时随飞沫传播 | 咳嗽逐渐加重，呈典型的阵发性痉挛性咳嗽，在阵咳末出现深长的鸡啼样吸气性吼声，病程可长达2~3个月 | ①隔离患儿，病人从潜伏期至发病后6周均有传染性；②按计划接种多抗原混合制剂DPT |
| 猩红热 | 带菌飞沫经呼吸道传播给易感者，也可通过污染玩具、物品、食物等经口传播 | 起病急，患儿寒战、发热，体温一般为38℃~39℃，重者可达40℃以上，全身不适，咽及扁桃体显著充血，也可见脓性渗出物，舌乳头红肿，有"杨梅舌"之称 | ①隔离患儿，至咽拭子培养链球菌阴性时解除隔离；②对患儿的分泌物及其用品进行消毒处理；③对密切接触的易感儿，可服复方新诺明或注射青霉素预防 |
| 流行性脑脊髓膜炎 | 当咳嗽、打喷嚏或说话时借空气飞沫传播 | 上呼吸道感染，可伴有发热、鼻炎、咽炎或扁桃体炎。多数患儿发病后24小时左右即出现脑膜刺激症状，表现为高热、头痛、呕吐频繁、颈项强直 | ①隔离患儿，至症状消失后3天，但不能少于病后7天。②注意室内卫生和个人卫生，在流脑流行期间，不带儿童到拥挤的公共场所去。③国内制成的A群荚膜多糖菌苗免疫效果较好 |

# 第三节 幼儿常见意外事故的防护和急救

## 知识点1 急救的原则与急救术

1. 急救的原则 【单选】

(1)挽救生命(第一原则);(2)减少痛苦;(3)防止残疾和预防并发症。

2. 急救术

(1)心肺复苏。心肺复苏的实施包括胸外心脏按压和人工呼吸两项措施同时或交替进行。

(2)止血包扎。现场急救一般应按照"挽救生命—止血—包扎—固定"的顺序进行。

(3)固定伤肢。四肢骨折一般选取硬质材料固定,固定肢体时应注意"三不",即不复位、不涂药、不冲洗。

(4)断指保护。保存断离部分应注意干燥、低温,先将断指(趾)装进干燥且干净的口袋,再将口袋置入容器中,容器内口袋周围装上冰块,是保存断指(趾)的较好环境。

## 知识点2 意外事故引起出血的类型、止血的方法

1. 出血类型

| 类型 | 表现 | 急救方法 |
| --- | --- | --- |
| 动脉出血 | 血色鲜红,出血量大,呈节律喷射状,与心跳一致 | 采用压迫出血的血管、堵塞出血的伤口等办法止血,并同时送医院进行抢救 |
| 静脉出血 | 血色暗红,持续不断,如流水样 | 小静脉出血较易凝固,可自然止血。中静脉以上的静脉出血则需采取止血措施,否则也会出现生命危险 |
| 毛细血管出血 | 血液颜色较红,呈水珠状流出或从整个伤口渗出 | 不久会自动凝固止血 |

2. 止血方法 【单选】

(1)加压包扎止血法

常用消毒纱布或干净毛巾、布等，折成比伤口稍大的垫子盖住伤口，然后再用绷带或三角巾加压包扎，以达到止血的目的。此法可用于动脉或静脉出血。

(2)指压止血法

用手指或手掌将出血的血管上端(近心端)用力压向相邻的骨骼上，以阻断血流，达到暂时止血的目的。此法常用于紧急抢救时的动、静脉出血，不适用于长时间止血。

| 出血位置 | 急救方法 |
| --- | --- |
| 面部出血 | 一侧面部出血，压迫同侧的下颌角。头顶或一侧颞部出血(太阳穴附近)，用拇指压迫耳屏前的血管搏动处 |
| 前臂出血 | 压迫肘窝(偏内侧)肱动脉跳动处 |
| 手掌、手背出血 | 压迫腕部动脉跳动处 |
| 手指出血 | 将手指屈入掌内，成握拳状 |
| 大腿出血 | 屈起大腿，压迫大腿根动脉跳动处，重压方能止血 |
| 脚出血 | 压迫足背动脉跳动处 |

(3)止血带止血法

适用于大血管出血，尤其是动脉出血，使用一般加压包扎法无效时可使用此法，止血效果较好。

(4)一般止血法

小伤口的出血，可用生理盐水冲洗局部，涂红药水，盖上消毒纱布块，用绷带紧紧地包扎伤处，以不出血为度。

## 知识点3　常见外伤出血的急救

1. 小外伤出血　【判断】

| 类型 | 处理方法 |
| --- | --- |
| 擦伤 | 应先用凉开水冲洗伤口,除去污物;然后涂红药水,盖上纱布 |
| 挫伤 | 在损伤初期可局部冷敷,防止皮下继续出血。24小时后可热敷或用伤湿止痛膏等外贴患处。对严重者应限制受伤的肢体活动 |
| 割伤 | 可先用棉签压迫止血,然后用碘酒消毒伤口,通常伤口较小,可用创可贴包裹伤口 |
| 扭伤 | 初期应停止活动减少出血,采用冷敷,以达到止血、消肿、止痛的目的。1~2天后,可用热敷促进消肿和血液的吸收 |

2. 骨折　【单选】

骨折的处理措施:

(1)急救的重点应是及时止痛、止血,防止休克,不要盲目地搬动患儿,特别是在可能伤及患儿的脊柱和颈部时更应注意,以免加重伤势,或引起严重的并发症甚至危及生命。

(2)固定骨折,限制断骨的活动。可使用绷带和夹板,将骨折处上下关节都固定起来。上肢应采用曲肘固定,下肢应采用直肢固定。绷带不宜绑得过紧,时间不宜过长。伤肢固定时应露出指或趾尖,以观察血液循环的情况。

(3)对开放性骨折,在夹板固定前应先止血,局部消毒处理,不要将外露骨骼推入伤口,应盖上消毒纱布后再用夹板固定,送医院治疗。

3. 头外伤

如果头部有出血的伤口,应用清洁的手帕之类压迫止血;如果有脑组织溢出头皮外,说明已损伤颅骨,应按原样做简单包扎,尽快送医院抢救,千万不要把露出头皮外的脑组织送回伤口,以免造成颅内感染,后果不堪设想。

4.眼外伤

| 类型 | 处理方法 |
| --- | --- |
| 角膜异物 | 铁屑等异物已嵌在角膜上,应迅速送医院处理 |
| 钝挫伤 | 眼球受到撞击,会出现视网膜震荡、出血。可立即用毛巾冷敷,减少眼内出血,速送医院 |
| 刺伤、划伤 | 用消毒的纱布或干净的毛巾敷盖眼睛,但不必还纳已经脱出的眼内容物,否则会增加感染的机会;也不要用力压迫眼球,因为任何外力都会使眼内容物被挤出眼球,导致失明 |
| 酸、碱烧伤 | 就地用大量净水清洗眼睛,冲洗时,必须扒开上下眼皮,将眼内深部也冲洗到,以免残留化学物质 |
| 鞭炮炸伤 | 处理方法见刺伤、划伤的处理 |

5.鼻出血

(1)病因

婴幼儿鼻出血的原因很多,如鼻部外伤、某些全身性疾病、鼻黏膜干燥、鼻腔异物等都可引起鼻出血,最常见于用手抠挖鼻痂、发热及空气干燥时。鼻出血的程度不同,由短时间流几滴到长时间的大量流血。

(2)处理方法

①安慰儿童不要紧张,让儿童安静坐下,头略向前低,不能仰卧位,也不能头向后仰,以免血液呛入呼吸道。

②压迫止血。让患儿用口呼吸,并用拇指和食指捏住患儿的鼻翼,同时用湿毛巾冷敷鼻部或前额,一般压迫5~10分钟即可。

③若出血较多,用上述方法不能止血,可用0.5%麻黄碱或1/1000肾上腺素湿棉球填塞出血侧鼻孔,一定要达到出血部位。

④止血后,2~3小时内不能做剧烈活动,避免再出血。

⑤若幼儿有频繁的吞咽动作,一定让他把"口水"吐出来,若吐出的是鲜血,说明仍继续出血,应尽快送医院处理。

## 知识点4　常见异物入体的急救　【单选】

| 类型 | 处理办法 |
|---|---|
| 气管异物 | ①救护者站在患儿背后,搂住他的腰,迅速用右手大拇指的背部顶住上腹部,左手重叠于右手之上,间断地向上、后方用力推压,使横膈肌压缩肺,产生冲击气流,将气管异物冲出。<br>②采取上述方法后,仍不能排出气管异物,应立即送医院急救 |
| 消化道异物 | 应立即送患儿到医院医治,禁止采用吃东西把异物顶到胃中的做法 |
| 鼻腔异物 | ①让幼儿将无异物的鼻孔按住,然后用力擤鼻涕;<br>②可用羽毛、纸刺激幼儿鼻黏膜,引起喷嚏反射;<br>③如果上述方法排不出异物,则应到医院处理 |
| 外耳道异物 | ①若是小昆虫钻进耳内,可用灯光对着外耳道口,利用昆虫的趋光性,引诱它爬出来;<br>②可将半茶匙稍加热后的食用油、甘油、酒精倒入耳内,再让患儿病耳朝下,坚持5~10分钟,被淹死的昆虫可随液体一道流出;<br>③对于其他外耳道异物,最好到医院处理 |
| 眼内异物 | ①让幼儿用力眨眼,利用泪水将异物带出;<br>②可用温水或蒸馏水冲洗眼睛,也可翻开上、下眼睑,找到异物后用干净的棉签、纱布擦去 |

## 知识点5　常见动物咬伤的急救　【单选】

| 类型 | 处理办法 |
|---|---|
| 蚊子叮伤 | 为了减轻发痒,要在被叮咬处涂上花露水、酒精等。为了防止蚊子叮咬,夏季一定要采取防蚊措施 |
| 狗咬伤 | 第一时间应快速彻底冲洗伤口 |
| 蛇咬伤 | 用带子或撕下衣服,捆扎伤口靠近心脏的一端,紧接着用清水或盐水冲洗伤口,用刀片以伤口牙痕为中心,划个十字切口,并用手挤伤口,使毒液流出 |

续表

| 类型 | 处理办法 |
| --- | --- |
| 黄蜂、蜜蜂蜇伤 | 黄蜂毒液呈碱性,可在伤口涂食醋等弱酸性液体;蜜蜂的毒液呈酸性,可在伤口涂淡碱水、肥皂水等弱碱性液体,若蜇伤后还伴有中毒症状,应立即送医院 |
| 蜈蚣咬伤 | 用淡碱水或肥皂水、石灰水冲洗伤口,然后涂上较浓的碱水或30%的氨水;若严重,应送住医院医治 |

## 知识点6 其他事故的急救 【简答】

| 类型 | 急救措施 |
| --- | --- |
| 脱臼 | 当幼儿发生脱臼时,不要活动受伤的部位,迅速送往医院,让外科医生采用手法复位,教师切不可贸然试行复位 |
| 误服毒物 | 可以采用催吐、洗胃等措施,对于吃进毒物时间较长的病儿,如超过4小时,毒物已混入肠道,则应立即送医院抢救 |
| 触电 | 一旦发生触电,应尽快脱离电源,救护者切记不可直接用手去拉触电人,应选择一个安全可靠的方法尽快切断电源。脱离电源后,要立即对患儿进行检查,一旦发现呼吸、心跳停止,要迅速进行人工呼吸和胸外按压,千万别中断,直到送入医院 |
| 中暑 | ①一旦发生中暑,应将患儿迅速移到阴凉通风处,解开衣扣,让其好好休息,并用冷毛巾敷头部、扇扇子等帮助他散热。②若患儿能自己饮水,则可让他多喝一些清凉的饮料,盐汽水最佳,也可服十滴水、人丹 |
| 溺水 | ①迅速清除溺水者口鼻内的淤泥杂草,松解内衣、裤带。②控水。③迅速复苏 |

续表

| 类型 | 急救措施 |
|---|---|
| 晕厥 | ①晕厥发生时,不要慌张,应尽快让幼儿平卧着休息,头略低,以利于脑部恢复足够的血液供应,防止跌倒引起外伤。<br>②尽快松开衣领、腰带,让幼儿身体略放松。<br>③可按压人中穴,帮助幼儿清醒,恢复意识。<br>④若晕厥由低血糖引起,应立即给幼儿饮糖水,提高血糖浓度 |
| 惊厥（抽风） | ①让患儿侧卧,便于及时排出分泌物,防止异物进入气管。<br>②不要紧搂幼儿,可轻按幼儿抽动的上下肢,避免幼儿从床上摔下。<br>③将毛巾或手绢拧成麻花状放于幼儿上下牙之间,以免幼儿咬伤舌头。<br>④随时擦去痰涕。<br>⑤用针刺或重压人中穴,即唇沟的上1/3处 |

### 要点回顾

1. 缺铁性贫血的症状。
2. 传染病的特性。
3. 传染病流行过程的三个基本环节。
4. 预防传染病的主要措施。
5. 手足口病的症状。
6. 急救的原则。
7. 骨折的处理措施。
8. 黄蜂、蜜蜂蜇伤的处理办法。

# 第四章 幼儿安全与心理卫生教育

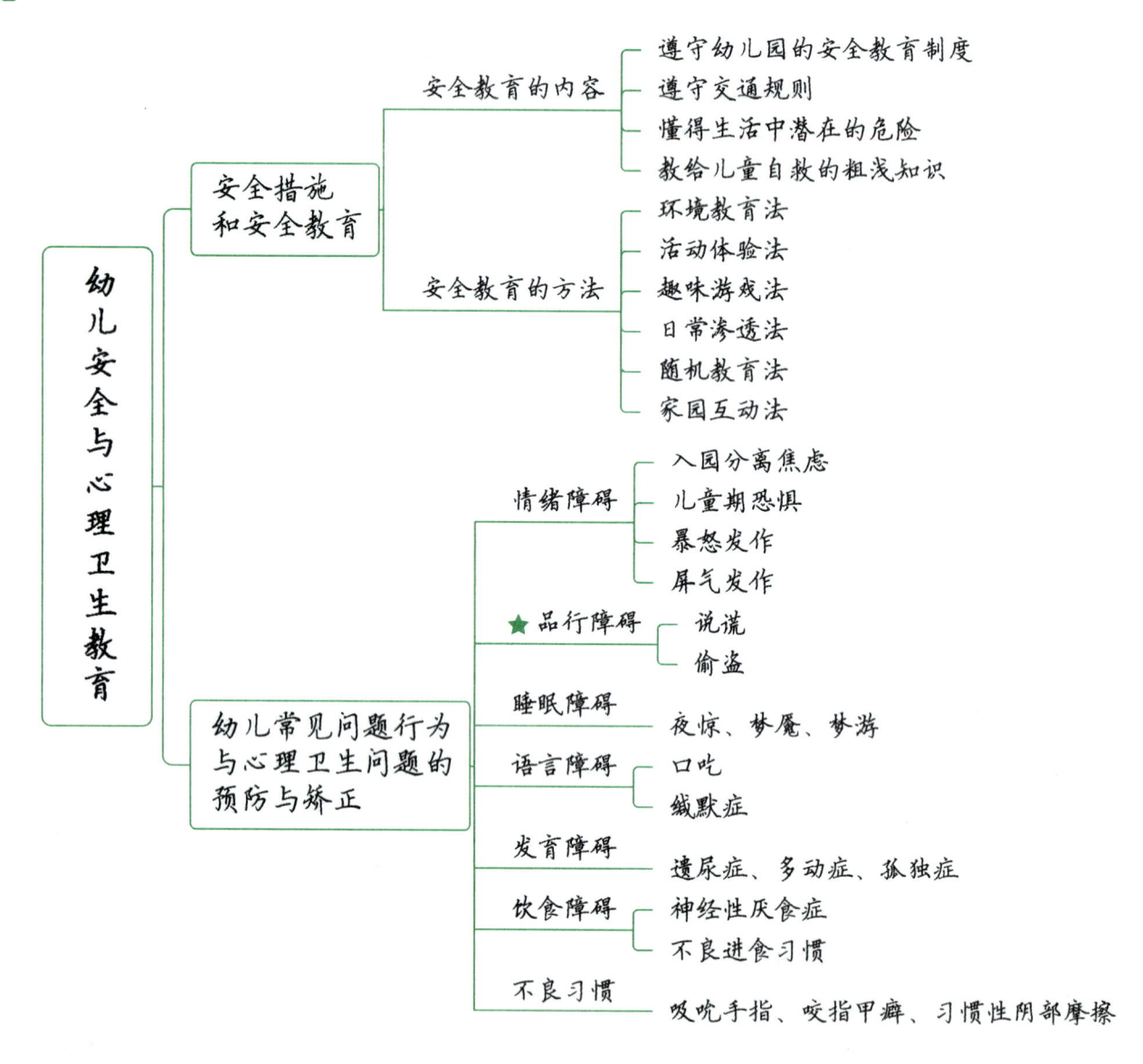

## 思维导图

- 幼儿安全与心理卫生教育
  - 安全措施和安全教育
    - 安全教育的内容
      - 遵守幼儿园的安全教育制度
      - 遵守交通规则
      - 懂得生活中潜在的危险
      - 教给儿童自救的粗浅知识
    - 安全教育的方法
      - 环境教育法
      - 活动体验法
      - 趣味游戏法
      - 日常渗透法
      - 随机教育法
      - 家园互动法
  - 幼儿常见问题行为与心理卫生问题的预防与矫正
    - 情绪障碍
      - 入园分离焦虑
      - 儿童期恐惧
      - 暴怒发作
      - 屏气发作
    - ★品行障碍
      - 说谎
      - 偷盗
    - 睡眠障碍 —— 夜惊、梦魇、梦游
    - 语言障碍
      - 口吃
      - 缄默症
    - 发育障碍 —— 遗尿症、多动症、孤独症
    - 饮食障碍
      - 神经性厌食症
      - 不良进食习惯
    - 不良习惯 —— 吸吮手指、咬指甲癖、习惯性阴部摩擦

## 知识梳理

### 第一节 安全措施和安全教育

| | |
|---|---|
| 安全措施 | ①提高安全意识,建立健全规章制度;<br>②组织好儿童的活动;<br>③环境设施要安全卫生;<br>④加强特殊物品的管理 |
| 安全教育的内容 | ①遵守幼儿园的安全教育制度;<br>②遵守交通规则;<br>③懂得生活中潜在的危险;<br>④教给儿童自救的粗浅知识 |
| 安全教育的方法 | ①环境教育法:通过浅显易懂的环境创设让幼儿感受安全教育的知识。<br>②活动体验法:通过开展丰富多彩的主题活动让幼儿体验安全防护的技能。<br>③趣味游戏法:通过生动有趣的游戏活动强化幼儿安全自救的技能技巧。<br>④日常渗透法:抓住一日生活常规中各个环节渗透安全教育的方法。<br>⑤随机教育法:抓住日常生活中教育的契机随机进行教育。<br>⑥家园互动法:家园密切配合进一步深化幼儿的自我保护教育 |

注意:建立严格的药品保管制度。内服药、外用药、消毒剂均需标签清楚、分开放置、专人保管,不给儿童造成可轻松拿到的机会。给儿童用药前,要仔细核对姓名、药名、剂量,切勿拿错药或服过量。

# 第二节 幼儿常见问题行为与心理卫生问题的预防与矫正

## 知识点1 情绪障碍 【单选】

| 类型 | 表现 | 预防措施 |
| --- | --- | --- |
| 入园分离焦虑 | ①情绪方面。表现为焦虑、坐立不安、恍惚、低声啜泣、失声哭闹、恋物、暴躁、生气、恐惧、紧张等。②行为方面。表现为胆怯、害羞、缄默、缠人、孤僻、打人、抢玩具、拒食、拒绝拥抱、扔玩具、拒绝脱衣服、执拗、自虐等。③生理方面。表现为喂食困难、食欲下降、入睡困难、夜惊、遗尿等 | ①仔细观察，确定特点，找出症结。②对症下药，既有爱心又有原则。③活动吸引。④规则教育。⑤能力培养 |
| 儿童期恐惧 | 恐惧强烈、持久，影响正常的情绪和生活，特别是到了某个年龄本该不再怕的事，仍表现惧怕 | 在日常生活中引导、鼓励儿童去认识自然现象。不要恐吓孩子，或让他们看恐怖影视 |
| 暴怒发作 | 出现哭闹、尖叫、在地上打滚、用头撞墙、撕东西、扯自己的头发等过火的行为 | ①从小培养儿童合理宣泄不良情绪的习惯。②对孩子不溺爱。③第一次出现暴怒发作，家长不妥协，坚持讲道理，绝不迁就不合理的要求 |

续表

| 类型 | 表现 | 预防措施 |
| --- | --- | --- |
| 屏气发作 | 轻者呼吸暂停半分钟到1分钟左右，面色发白，口唇青紫；重者呼吸暂停2~3分钟，全身僵直，意识丧失，出现抽搐，其后肌肉松弛，恢复正常呼吸 | ①尽量解除可引起幼儿心理过度紧张的种种因素，不要溺爱孩子。<br>②对正在发作的孩子，家长要镇静，立即松开孩子的衣领、裤带，使其侧卧，轻轻扶着孩子。<br>③孩子恢复正常后，可以用给他讲故事、带他玩等方法转移他的紧张情绪 |

### 知识点2　品行障碍　【单选、判断】

1. 说谎

| 类型 | 表现 | 对策 |
| --- | --- | --- |
| 无意说谎 | 三四岁的幼儿由于认知水平低，在思维、记忆、想象、判断等方面，往往会出现与事实不相符的情况 | 遇到这种情况，不该指责他们，只需要教育他们该怎么说就可以了 |
| 有意说谎 | 有的小朋友为了得到老师的表扬、奖励或逃避责备、惩罚，故意编造谎言 | ①允许孩子犯错误，鼓励幼儿说实话，创造一种宽松的气氛。<br>②要及时揭穿谎言；大人不弄虚作假，彼此信任、坦诚，为幼儿树立榜样 |

2. 偷盗

幼儿的某种"偷盗"行为不一定是病态反应。例如,幼儿饿了,不经别人同意,就拿别人的东西来吃;幼儿园的幼儿常常把自己喜欢的东西带回家,因为他认为好玩的东西应与他在一起,等等。

幼儿偷盗行为的原因有:

(1)作为自我吹嘘的手段;

(2)吸引别人的注意;

(3)不公平感觉的结果;

(4)出于好奇心等。

### 知识点3　睡眠障碍

| 类型 | 表现 | 矫治措施 |
| --- | --- | --- |
| 夜惊 | 开始入睡一段时间后突然惊醒,瞪目坐起,表情恐怖,有时喊叫,内容与受惊因素有关 | ①排除脑瘤、癫痫等病史后,患儿一般不需特殊治疗。②消除引起幼儿紧张不安的精神因素和有关疾病因素 |
| 梦魇 | 做噩梦,伴有呼吸急促、心跳加快等症状,自觉全身不能动弹,以致从梦中惊醒、哭闹。醒后仍有短暂的情绪失常,对梦境能有片段的记忆 | 只要不是经常发作,可不做特殊治疗 |
| 梦游 | 儿童于熟睡中突然起床,可逐件穿好衣服,在室内外进行某些活动,如来回走动、跑步,甚至到门外游荡,表情茫然,步态不稳,动作刻板,有时口中念念有词,但是意识并不清醒。发作可持续1小时以上,然后上床入睡,醒后完全遗忘 | ①避免在患梦游症的儿童面前渲染其表现或取笑他们。②消除使其产生恐惧、焦虑的精神因素。③对于较常发作的儿童,居室内要有安全措施,以免发生意外 |

## 知识点4　语言障碍

| 类型 | 表现 | 诱因 | 矫治措施 |
|---|---|---|---|
| 口吃 | 正常的语言节律受阻，无法控制地重复某些字音或词句，发音延长或停顿。常伴有跺脚、摇头、挤眼、歪嘴等动作，才能费力地将字拼出 | ①精神创伤；②模仿；③心理紧张；④成人的教养方式不当；⑤疾病 | ①要消除环境中导致幼儿心理紧张的不良因素；②正确对待幼儿说话时不流畅的现象；③多让幼儿练习朗诵、唱歌；④和谐的家庭氛围，正确的教育方法，有规律地生活，充足的睡眠 |
| 缄默症 | 在幼儿园或陌生人面前不说话，可以长时间静坐不动，但与家人或很熟悉的人有一些语言交流 | 由于受惊、恐惧、生气或怕被人嘲笑等精神因素引起的防卫性反应 | ①让孩子开口说话；②让孩子大胆地说话 |

## 知识点5　发育障碍

| 类型 | 表现 | 诱因 | 矫治措施 |
|---|---|---|---|
| 遗尿症 | 幼儿在5岁或5岁以上，仍不能控制排尿，经常夜间尿床，白天尿裤 | ①精神紧张，压力过大；②过度疲劳，睡眠过熟；③教育方式不当；④遗传因素和生理病变 | ①及时为孩子体检，确定遗尿原因；②合理安排孩子的饮食和生活习惯；③心理行为治疗；④创造良好的治疗环境 |

续表

| 类型 | 表现 | 诱因 | 矫治措施 |
|---|---|---|---|
| 多动症 | 以注意障碍为最突出表现,以多动为主要特征 | 先天原因;后天某些原因造成的脑损伤以及不良的教育 | ①心理治疗;<br>②"视、听、动"能力训练;<br>③注意力训练 |
| 孤独症 | ①社会交往障碍;<br>②语言障碍;<br>③行为异常;<br>④可能有感知障碍、癫痫发作等表现 | ①生物学因素;<br>②环境因素 | ①康复训练的重点放在提高患儿基本的生存能力上;<br>②为患儿创造正常的生活环境,最好让患儿上普通幼儿园;<br>③要对患儿的康复充满信心 |

### 知识点6　饮食障碍

| | 神经性厌食症 | 不良进食习惯 |
|---|---|---|
| 表现 | 食欲减退,吃得极少,经常回避或拒绝进食,甚至将食物暗中抛弃,若强迫进食会引起呕吐 | 挑食、偏食;经常吃零食;不会正确使用餐具;哄着、追着吃饭;进餐时间过长;就餐情绪低落 |
| 预防 | ①应规律饮食;<br>②营造良好的进食环境;<br>③注意饮食多样化;<br>④要少吃多餐;<br>⑤要正确对待,让孩子懂得好好吃饭才能受到表扬;<br>⑥每天吃定量的瘦肉等;<br>⑦要注意多吃含钙多的食物;<br>⑧补充钙锌复合制剂 | ①提供尝试各种食物的机会;<br>②家长要以身作则;<br>③增强孩子的食欲;<br>④为幼儿创设良好的进餐环境;<br>⑤注意科学的烹调和加工;<br>⑥改变孩子的偏食习惯 |

## 知识点7　不良习惯

| 类型 | 预防及矫治措施 |
|---|---|
| 吮吸手指 | 帮助幼儿建立安全依恋,同时满足幼儿喂养的需要。也可安排丰富多彩的娱乐和游戏活动,鼓励幼儿与小伙伴们交往,将儿童的注意力转移到各种活动中 |
| 咬指甲癖 | 消除儿童的紧张心理,成人应为儿童创设良好的生活环境,适当安排儿童进行体育活动,使儿童心情愉快,注意力得到转移 |
| 习惯性阴部摩擦 | ①查明诱因,对症下药;<br>②调整身心,设置障碍;<br>③转移兴奋,避免斥责 |

### 要点回顾

1. 儿童无意说谎的表现。
2. 儿童有意说谎的对策。
3. 儿童多动症的表现。

# 图书反馈

**重磅！考题有奖征集！**

「凡提供当年度考题者，根据考题完整度，可获得500元以内奖励。」

具体请联系QQ：1831595423

（温馨提示：所提供考题须是当年度考题，且真实有效。）

亲爱的考生：

感谢您对山香教育的信任和支持，您的建议是我们前进的动力！为进一步提高图书质量，我们特向全国各地的考生开展图书反馈活动。

凡通过图书反馈链接提供山香图书意见反馈者，均可获得**相关网课**。

图书反馈链接

联系方式：400-600-3363　　　研发部QQ：1831595423

| 招教网 | 山香官网 | 山香网校 | 图书订正链接 |
| --- | --- | --- | --- |
| 招考资讯平台 | 考编服务平台 | 线上学习平台 | 勘误更新平台 |